Marcel LECOMTE

SUPPLÉMENT AU

catalogue de l'œuvre gravé

DE

Gustave LEHEUTRE

PUBLIÉ PAR

Loÿs DELDEIL

DANS

Le Peintre-Graveur illustré, t. XII

1921/1987

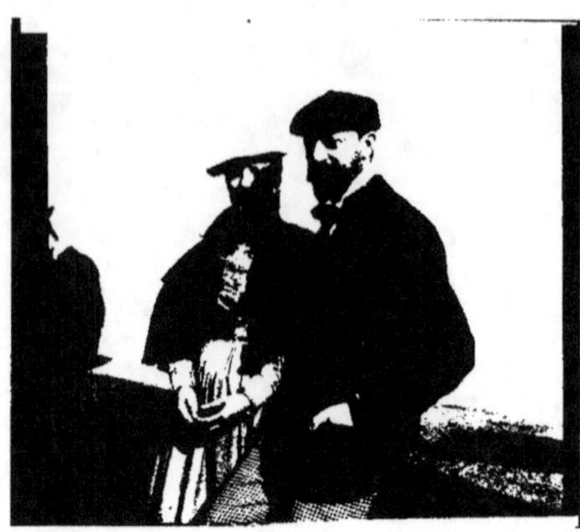

Gustave Leheutre et sa femme au Tréport en 1898.

A Madame Gustave LEHEUTRE
Respectueux hommages
M.L.

Gustave Leheutre

Sur Gustave Leheutre tout a été dit, ou presque, en peu de mots, par Loÿs Delteil, dans sa préface au catalogue de l'œuvre de l'artiste, publié en 1921 dans sa fameuse série du *Peintre-Graveur-illustré*, dont il forme le douzième volume.

Si cet artiste délicat, esprit fier et cultivé, aussi doué, paraît-il — comme musicien, que graveur de talent, n'eut pas selon nous, tous les honneurs qu'il eut mérités, cela est surtout dû à son extrême modestie. Du moins ses œuvres furent-elles hautement estimées par les amateurs et critiques éclairés de son temps : Henri Beraldi, Gustave Bourcard, Clément Janin, Roger Marx, Ch. Saunier, etc., et l'homme avisé qu'était Loÿs Delteil ne s'y était pas trompé, lui rendant le plus bel hommage souhaitable en publiant de son vivant, le catalogue de son œuvre gravé.

Aux 184 pièces (y compris les exquises petites eaux-fortes du *Dominique*) signalées par Loÿs Delteil en 1921 viennent s'ajouter les eaux-fortes et pointes sèches exécutées postérieurement, soit 54 pièces que nous reproduisons et décrivons ci-après en leur donnant des numéros faisant suite à ceux du premier catalogue. Certaines de ces pièces comptent parmi les meilleures productions de l'artiste : *les Bords du Durtint à Provins, la Falaise d'Orbigny à La Rochelle, Le Manoir de Kermadec, en Bretagne, la Rue Linard-Gontier, à Troyes*, etc.

Nous ne saurions passer sous silence que Gustave Leheutre, technicien remarquable, ne fut pas avare de ses connaissances et que certains jeunes artistes de l'époque eurent bien souvent recours à lui. Il conseilla notamment fort heureusement le graveur Charles Heyman disparu lors de la Grande Guerre à peine âgé de 34 ans, en pleine possession de son art ! Ce bel artiste, encore trop peu connu, a laissé entre autres eaux-fortes une pièce : *Notre-Dame de Paris vue d'une fenêtre* qui compte parmi les chefs-d'œuvre de l'estampe moderne. Leheutre le tenait en haute estime ; il écrivit l'introduction du catalogue de l'exposition qui eut lieu chez Sagot en 1922 et fut non seulement son Maître mais son ami et son confident (une émouvante correspondance, adressée du front et que nous avons en notre possession, en témoigne).

Notons enfin que Gustave Leheutre est décédé à Paris, en son domicile 41, rue de La Tour-d'Auvergne, le 19 août 1932, et qu'il repose à Troyes, sa ville natale.

Nous adressons nos vifs remerciements à Mmes G. Leheutre et Maurice Le Garrec, à M. M. Vallery-Radot, conservateur en chef du Cabinet des Estampes, à MM. Robert Prouté et Maurice Rousseau, ainsi qu'à notre dévoué collaborateur M. Delattre, qui ont grandement facilité notre tâche.

Marcel LECOMTE
octobre 1948

« ... j'ai accepté pour la première fois de ma vie, d'écrire ces quelques lignes, aujourd'hui », écrit Marcel Lecomte, qui ajoute : *« Cette note a été rédigée en octobre 1948. Nous n'avons pas voulu en changer le texte, tenant à rendre ici hommage aux personnes citées, hélas toutes disparues depuis. Nous remercions également de leur précieux concours, Madame Marcelle Gautrot et Monsieur Jacques Lethève, sans l'aide desquels ce catalogue n'aurait pas vu le jour. »*

Gustave *LEHEUTRE*

(Troyes 1861 - Paris 1932)

par Jacques LETHÈVE

Nos contemporains, le regard saturé par l'imagerie fixe ou mobile, réclament la couleur sans songer à reposer leurs yeux sur le raffinement du noir et du blanc. De là une position discrète, si ce n'est de repli, pour la gravure traditionnelle. Et pourtant ceux qui savent s'attarder sur elle, en tirent souvent une jouissance dont ils hésitent, à tort, à faire partager la valeur profonde.

En regardant l'œuvre de Gustave Leheutre qu'un connaisseur aussi éclairé que Marcel Lecomte s'efforce de mieux faire apprécier, on se dit que trop d'amateurs cèdent aux facilités de la mode et négligent bien des domaines plus précieux de l'art.

Gustave Leheutre, il faut bien le dire, n'a pas seulement été victime jusqu'ici de l'évolution superficielle des goûts. Sa modestie, rappelée comme un trait marquant de son comportement par tous ceux qui l'ont connu, n'a pas contribué à tourner vers lui les regards.

Avant tout un artiste dont l'existence quotidienne fut facilitée par des revenus provenant de sa famille. Songeant surtout à passer ses jours dans la mouvance de son art. Mais encouragé par une élite d'amateurs qui avaient su le découvrir. Attiré non seulement par la gravure mais par la musique et par la peinture. Comme peintre il a laissé quelques toiles — dont certaines furent exposées au Salon — où l'on retrouve l'influence de Carrière avec qui il travailla dans ses débuts, après avoir connu les ateliers de Gervex et d'Humbert. Comme musicien, il composa quelques morceaux dont ceux qui les ont entendus, confirment le mérite. N'avait-il pas d'ailleurs rencontré au Conservatoire Claude Debussy qui le marqua profondément.

Carrière, Debussy, ajoutons Whistler que nous allons retrouver, et l'on entrevoit l'atmosphère très particulière dans laquelle il baigne, atmosphère qu'on pourrait dire « fin de siècle » si cette expression n'évoque un style bien caractérisé qu'on ne saurait appli-

quer à son œuvre. Seules peut-être les lithographies en couleurs datant de ses débuts dans l'estampe, font penser à Degas, avec, en plus, un certain vaporeux proche de certaines tentatives discutables.

Né à Troyes en 1861, Leheutre suivit les aléas de la carrière militaire paternelle ; c'est à Digne qu'il dut poursuivre ses études puis à Paris, au Collège Sainte-Barbe. Désormais c'est plus souvent dans la capitale qu'on le trouve. Graveur indépendant, il ne cherche

Gustave Leheutre travaillant d'après nature.

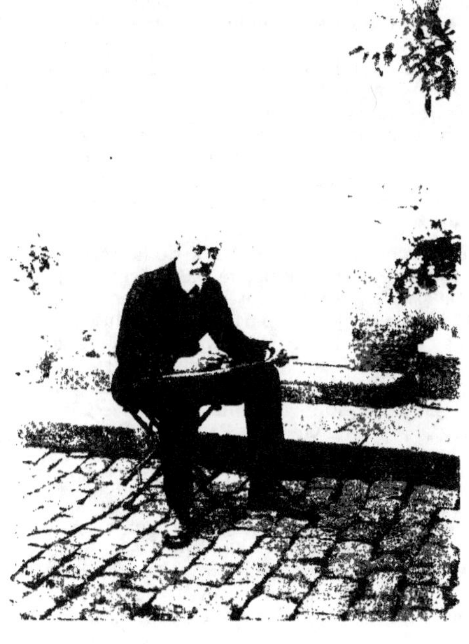

jamais à rassembler autour de lui des disciples. Et pourtant plus d'un jeune graveur vint lui demander des conseils. Charles Heyman, son cadet de vingt ans sut ainsi ce qu'il lui devait ; lorsque la guerre l'eut fauché en 1915, il lui dut plus encore, tant Leheutre s'efforça de prolonger son souvenir.

La ville natale de Leheutre l'avait marqué profondément. Une majorité de ses gravures nous donne de Troyes un répertoire étonnant de vues et de points de vue. Certes Paris, Chartres, la Bretagne et divers sites de France sont aussi représentés dans son œuvre. Surtout, à côté de la cité champenoise, une ville bien différente lui offrit l'occasion d'une suite aussi précieuse : La Rochelle, riche en coins variés, on n'ose pas dire « pittoresques », tant cette épithète a été rabaissée par des images à connotations touristiques. Leheutre ne choisit pas son sujet pour l'effet, ni même, quand il nous montre telle église ou tel monument ancien, pour la documentation archéologique. Il ne cherche qu'à rendre l'impression, au point qu'on pourrait le ranger au nombre des graveurs impressionnistes, bien qu'une telle expression reste discutée parmi les historiens de l'estampe. Au passage on ne s'étonne pas qu'il ait été chargé d'illustrer *Dominique,* le roman de Fromentin : on peut deviner que cette tâche lui convenait aussi bien par les lieux charentais de l'action que par ses scènes toutes en demi-teintes.

Un angle de rue, un passage, deux masures : voilà les sujets préférés qui se transforment en une pointe sèche généralement peu chargée où le blanc du papier joue un rôle essentiel. Plus d'une fois, on songe en les contemplant à ces propos que Paul Valéry tenait un jour aux Peintres-Graveurs : « Ne vous suffit-il pas de quelques traits, de quelques tailles pour qu'un visage, une campagne nous soient non seulement donnés dans leur ressemblance, mais suggérés au point que la couleur absente et même la plus riche lumière n'y fassent point défaut. »

Chez cet artiste, la spontanéité de la gravure est totale. Elle ne l'empêche pas, après coup, d'éclaircir sa planche dans les états successifs qu'il nous a laissés. En particulier et contrairement à beaucoup de graveurs, il aime alléger le sujet en supprimant le premier plan. Procédé qui aère l'ensemble de la composition et rappelle Whistler, admiré par lui lors de l'exposition que présenta Georges Petit en 1892. Et ce n'est sans doute pas par hasard non plus si, à ses débuts, il grava comme le maître américain, de petites vues de Venise.

Cette spontanéité, la pointe sèche la lui permet lorsque, installé devant le motif, il égratigne directement le cuivre. L'eau-forte pourra bien compléter le travail, renforcer les ombres ou creuser les tailles, il n'en reste pas moins que

Leheutre a d'abord procédé, avec sa planche de cuivre devant lui, comme s'il interprétait son sujet au crayon sur une feuille blanche. A cette manière de faire, un seul inconvénient mais qui peut surprendre : au tirage, le sujet reparaît inversé et si les lieux anonymes ou peu connus n'y perdent rien, on s'étonne de voir figurer dans un sens inhabituel les monuments de tel panorama ou les clochers de telle église[1].

Quoi qu'il en soit, un connaisseur comme Loÿs Delteil plaçait Leheutre assez haut pour le faire entrer dès 1921 dans la série des catalogues qu'il consacra à quelques-uns des plus grands maîtres de l'estampe, de Goya à Daumier, à Manet et à Pissarro. En offrant ce témoignage capital, Delteil ne faisait que se joindre à des amateurs très vite attirés par la qualité de telles gravures comme Lepère, comme Beurdeley, comme Béjot.

De ceux-là Marcel Lecomte a pris la suite. Par goût, mais aussi par fidélité à un artiste qu'il sut apprécier alors qu'il n'était lui-même encore qu'un jeune homme attentif, il se souvient avec émotion de l'homme et du travail qu'il lui a vu accomplir. Et aussi de Mme Leheutre, encore en vie au lendemain de la dernière guerre. Il a complété la liste de Delteil avec des planches postérieures à son catalogue ou inconnues du grand collectionneur. Scrupuleusement il mentionne tous les états qu'il a pu rencontrer. Si bien que ce catalogue renouvelle et précise celui que nous avions établi pour le tome XIII de l'Inventaire du fonds français après 1800 du Cabinet des estampes, il y a une vingtaine d'années. Il en a fait un répertoire précieux et qu'on peut estimer définitif. Puisse-t-il permettre à un nouveau public de regarder désormais d'un œil neuf et de juger à sa juste valeur l'œuvre d'un graveur parmi les meilleurs du début de notre siècle.

Jacques Lethève,
Conservateur en chef honoraire

NOTE

1. A l'exception de la *Cathédrale de Chartres* qui a fait l'objet d'un dessin préparatoire très poussé et qui a été gravée directement sur cuivre à l'envers, vue devant une glace, le motif étant ainsi, au tirage, dans le bon sens.

• Les numéros de cette seconde partie suivent ceux donnés par Loÿs Delteil dans son catalogue LEHEUTRE paru, en 1921, dans LE PEINTRE-GRAVEUR ILLUSTRÉ, tome XII.

138 - LES BORDS DU DURTINT, À PROVINS. 1922.

L. 237 mm - H. 178 mm.

1er état :
Avant divers traits échappés dans le ciel, à droite. Tirage à 3 épreuves signées et annotées *1er état*. ÉTAT REPRODUIT.

2e état :
Avec les traits échappés indiqués ci-dessus. Avant la signature gravée, en bas à gauche. Tirage à 25 épreuves sur papier ancien, soignées et numérotées (1 à 25).

3e état :
Avec la signature gravée, en bas à gauche. Tirage à 50 épreuves sur différents papiers, signées et numérotées (26 à 75).

Cuivre détruit.

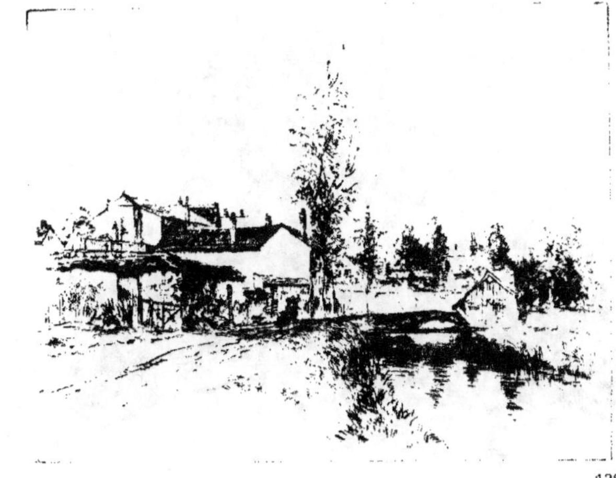

138

139

139 - CÔTE SAINT-MAURICE À MARÉE BASSE, LA ROCHELLE. 1922.

L. 247 mm - H. 179 mm

1er état :
Avant la signature gravée, en bas à gauche. Tirage à quelques rares épreuves d'essai sur papier ancien, signées et annotées *épr. d'essai*, puis à 25 épreuves sur papier ancien et vergé, signées et numérotées (1 à 25).

2e état :
Avec la signature gravée, en bas à gauche. Tirage à 50 épreuves sur papier vergé, signées et numérotées (26 à 75). *B.N. Est. Ef. 453 fol. t.3.* ÉTAT REPRODUIT.

Cuivre détruit.

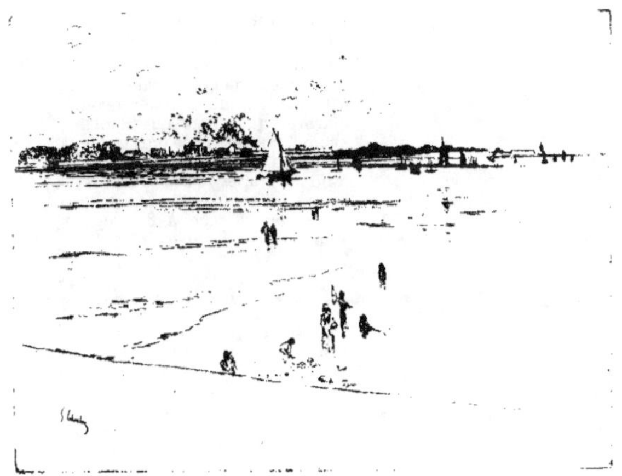

140

140 - L'ILE DE RÉ, VUE DE LA PALLICE. 1922.

L. 229 mm - H. 143 mm

1er état :
Avant la signature gravée, en bas à gauche. Tirage à 25 épreuves sur différents papiers, signées et numérotées (1 à 25).

2e état :
Avec la signature gravée, en bas à gauche. Tirage à quelques épreuves d'essai, signées, sur Japon mince et papier vergé, puis à 40 épreuves signées et numérotées (26 à 65). *B.N. Est. Ef. 453. fol. t.3.* ÉTAT REPRODUIT.

Cuivre détruit.

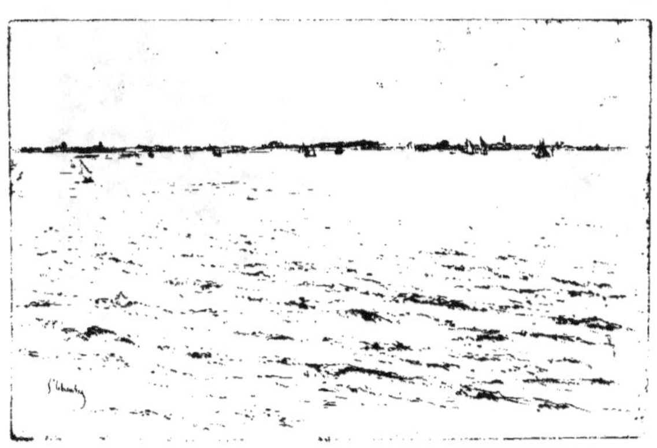

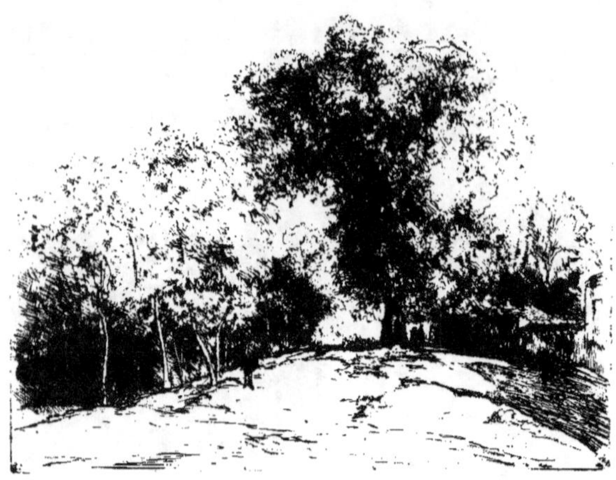

141

141 - LE CHEMIN DE RONDE, LA
ROCHELLE. 1922.

L. 233 mm - H. 172 mm.

1er état :
Avant de nombreux travaux,
notamment dans la partie gauche
à la hauteur du premier groupe
d'arbres, qui est presque blanche ;
avant l'ombre portée qui couvre la
rangée d'arbres à gauche vers le
fond ; avant les tailles sur les toits
des maisons qu'on aperçoit dans
le lointain. Tirage à 3 épreuves,
signées et numérotées.

142

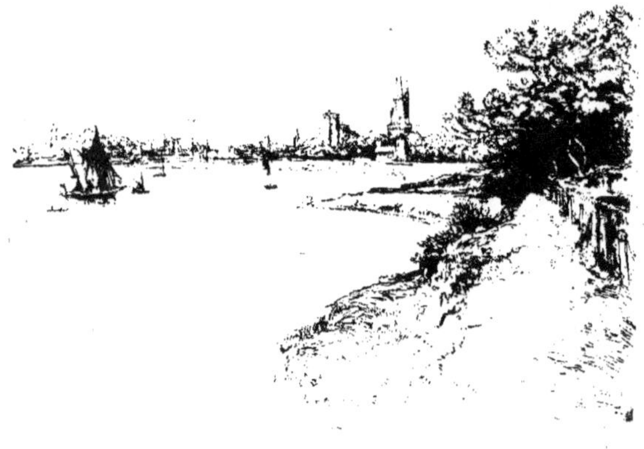

2e état :
Avec les travaux indiqués ci-dessus. Avant la signature gravée, en
bas à droite. Tirage à quelques
rares épreuves d'essai sur Japon
mince, signées, puis à
25 épreuves, signées et numérotées (1 à 25).

3e état :
Avec la signature gravée, en bas à
droite. Tirage à 50 épreuves sur
Japon mince ou vergé, signées et
numérotées (26 à 75). *B.N. Est.
Ef. 453. fol. t.3.* ÉTAT REPRODUIT.

Cuivre détruit.

142 - LA FALAISE D'ORBIGNY, LA
ROCHELLE. 1922.

L. 202 mm - H. 157 mm.

1er état :
Avant les tailles horizontales au
premier plan à droite, avec des
indications de vagues venant jusqu'au bord de la planche en bas à
gauche. Toute la partie supérieure
de l'arbre est claire. Tirage à une
épreuve retouchée par l'artiste,
signée et annotée *1er état. Épreuve
retouchée*, à 2 épreuves d'essai,
signées, sur Japon mince et papier
vélin, puis à 6 épreuves sur papier
ancien, signées, numérotées et
annotées. *1er état.*

2e état :
Avec les travaux indiqués ci-dessus. Les indications de vagues du
premier plan à gauche ont disparu. Avant la signature gravée,
en bas à droite. Tirage à
25 épreuves sur différents
papiers, signées et numérotées (1
à 25). *B.N. Est. Ef. 453. fol. t.3.*
ÉTAT REPRODUIT.

3e état :
Avec la signature gravée, en bas à
droite. Tirage à 50 épreuves,
signées et numérotées (26 à 75).

Cuivre détruit.

143 - LE PETIT SAINT-ÉLOI, À LA
ROCHELLE. 1923.

L. 245 mm - H. 185 mm.

1er état :
Avec une berge au premier plan à
droite où sont amarrées trois barques, avec des travaux sur la tour
du milieu. Tirage à quelques rares
épreuves d'essai, signées, sur
papier vergé et Japon mince, puis
à 6 épreuves sur papier ancien,
signées, numérotées et annotées.

2ᵉ état :
Les travaux du premier plan sur la
tour indiqués ci-dessus ont disparu. Avant la signature gravée,
en bas à droite. Tirage à
25 épreuves sur différents
papiers, signées et numérotées (1
à 25). *B.N. Est. Ef. 453. fol. t.3.*
ÉTAT REPRODUIT.

3ᵉ état :
Avec la signature gravée, en bas à
droite. Tirage à une épreuve d'essai, sur Japon mince, puis à
50 épreuves sur différents
papiers, signées et numérotées (26
à 75).

Cuivre détruit.

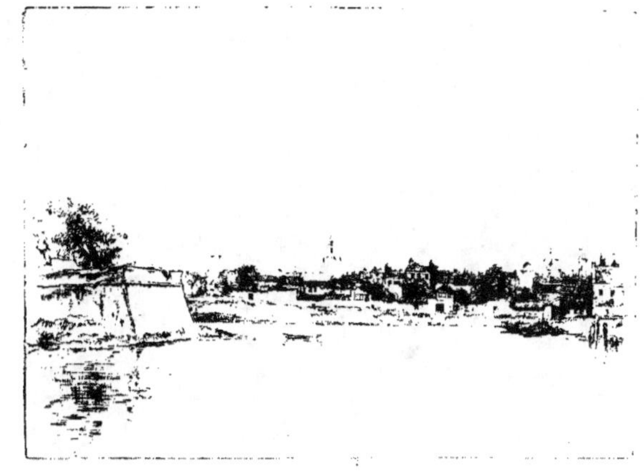

143

144 - L'ALLÉE SOLITAIRE, LA
ROCHELLE. 1923.

L. 230 mm - H. 159 mm

1ᵉʳ état :
Avant la signature gravée, en bas
à droite. Tirage à quelques rares
épreuves d'essai, signées, sur
Japon mince ou vergé de teinte
jaune, puis à 25 épreuves sur
papier ancien ou vergé, signées et
numérotées (1 à 25).

2ᵉ état :
Avec la signature gravée, en bas à
droite. Tirage à une épreuve d'essai sur papier ancien, non signée,
puis à 50 épreuves sur papier
vergé fin, signées et numérotées
(26 à 75). *B.N. Est. Ef. 453. fol. t.3.*
ÉTAT REPRODUIT.

Cuivre détruit.

144

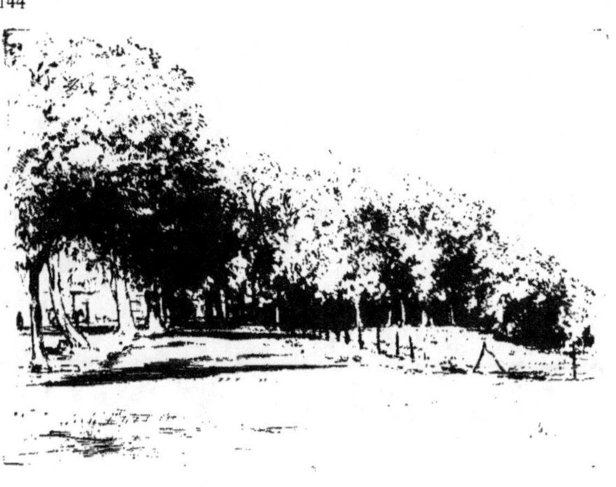

145

145 - LA GRÈVE DE FORT-LOUIS,
LA ROCHELLE. 1923.

L. 220 mm - 150 mm

1ᵉʳ état :
Avant la signature gravée, en bas
à droite. Tirage à 2 épreuves d'essai, signées et annotées dans le
bas *épr. d'essai*, tirées l'une sur
papier ancien verdâtre ; l'autre
sur Japon mince, puis à
25 épreuves sur différents
papiers, signées et numérotées (1
à 25). - *B.N. Est. Ef. 453. fol. t.3.*
ÉTAT REPRODUIT.

2ᵉ état :
Avec la signature gravée, en bas à
droite. Tirage à 50 épreuves sur
papier vergé, signées et numérotées (26 à 75).

Cuivre détruit.

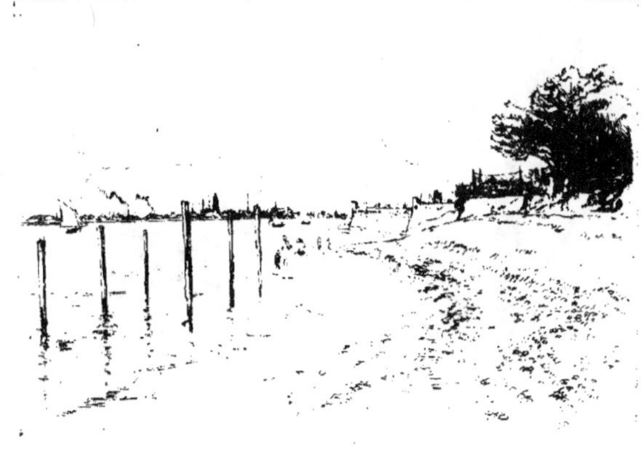

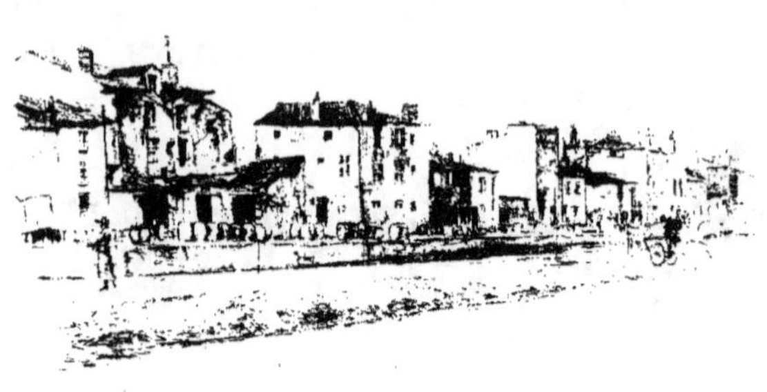

146

L. 311 mm - H. 214 mm.

1er état :
Avant l'ébarbage partiel de la planche. Avant divers travaux dans le ciel à gauche. Tirage à 2 épreuves sur papier vergé, signées, numérotées et annotées *1er état. - B.N. Est. Ef. 453. fol. t.3.* ÉTAT REPRODUIT.

2e état :
La planche est partiellement ébarbée. Certains travaux, notamment sur le terrain au premier plan et dans le ciel à droite, au-dessus des maisons, ont disparu. Avec quelques nouveaux travaux dans le ciel à gauche ainsi que plusieurs traits échappés, très apparents dans la même partie de la planche. Tirage à 30 épreuves sur papier Van Gelder, signées et numérotées (1 à 30).

3e état :
Avec la signature gravée, en bas à droite. Tirage à 35 épreuves sur papier Van Gelder, signées et numérotées (31 à 65).

Cuivre détruit.

147

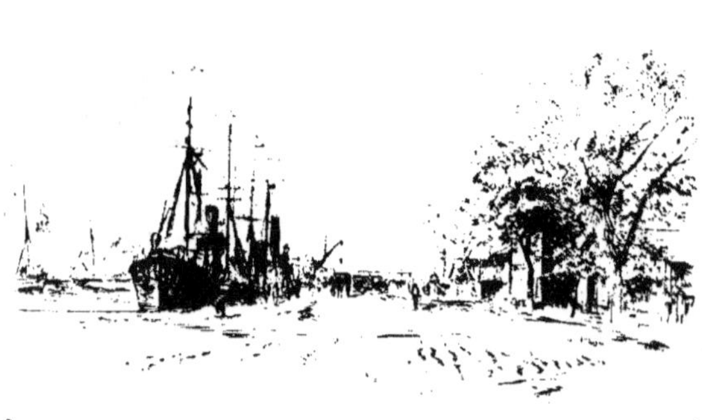

147 - LES CHALUTIERS, LA ROCHELLE. 1924.

L. 299 mm - H. 200 mm.

1er état :
Avant de nombreux travaux dans différentes parties de la planche, notamment au centre : sur la grue, sur le pylône et sur l'homme qui est vu de face. Tirage à 5 épreuves sur différents papiers, signées et numérotées.

2e état :
Avec les travaux indiqués ci-dessus. Avant la signature gravée, en bas à droite, tirage à 30 épreuves sur papier vergé, signées et numérotées (1 à 30).

3e état :
Avec la signature gravée, en bas à droite. Tirage à 70 épreuves, signées et numérotées (31 à 100). - *B.N. Est. Ef. 453. fol. t.3.* ÉTAT REPRODUIT.
Cuivre détruit.

148 - LES TROIS BORNES, LA ROCHELLE. 1924.

L. 248 mm - 167 mm.

1er état :
Avant l'ébarbage partiel de la planche, notamment sur l'arche de droite du port. Tirage à 5 épreuves sur divers papiers, signées, numérotées et annotées *1er état.*

2e état :
Certaines barbes qui formaient taches, notamment sur l'arche de droite du pont ont disparu. Avant la signature gravée, en bas à gauche. Tirage à 25 épreuves sur divers papiers, signées et numérotées (1 à 25).

3e état :
Avec la signature gravée, en bas à gauche. Tirage à 40 épreuves, signées et numérotées (26 à 65). - *B.N. Est. Ef. 453. fol. t.3.*
ÉTAT REPRODUIT.

Cuivre détruit.

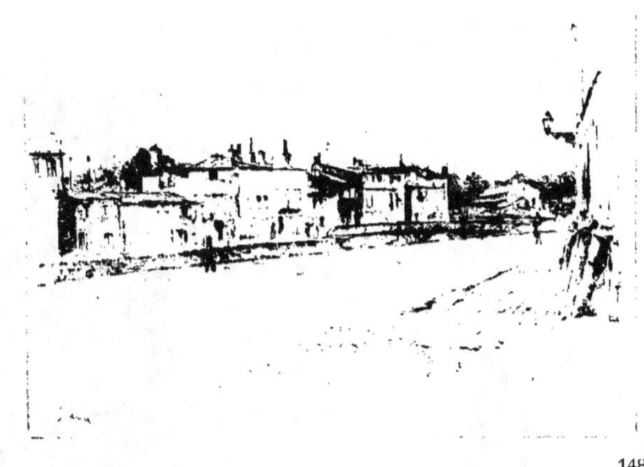

148

149 - LA PASSERELLE DU QUAI MAUBEC, A LA ROCHELLE. 1924.

L. 320 mm - 228 mm

1er état :
Avec un haquet dans la partie gauche de la planche derrière lequel on aperçoit quatre personnages. Tirage à 6 épreuves sur papier ancien, signées, numérotées et annotées *1er état.*

2e état :
Le haquet et deux des personnages ci-dessus mentionnés ont disparu. Tirage à 4 épreuves sur papier vergé, signées, numérotées et annotées *2e état.*

3e état :
Avec de nombreux travaux ajoutés sur la chaussée ainsi que sur les maisons, les arbres, etc., de la partie droite de la planche. Avant la signature, en bas à gauche. Tirage à 3 épreuves d'essai sur papier vergé, signées, numérotées et annotées, puis à 25 épreuves sur différents papiers, signées et numérotées (1 à 25). Collection Robert Prouté (épr. sur papier ancien verdâtre).

4e état :
Avec la signature gravée, en bas à gauche. Tirage à 50 épreuves sur papier vergé d'Arches, signées et numérotées (26 à 75). - *B.N. Est. Ef. 453. fol. t.3.*
ÉTAT REPRODUIT.

Cuivre détruit.

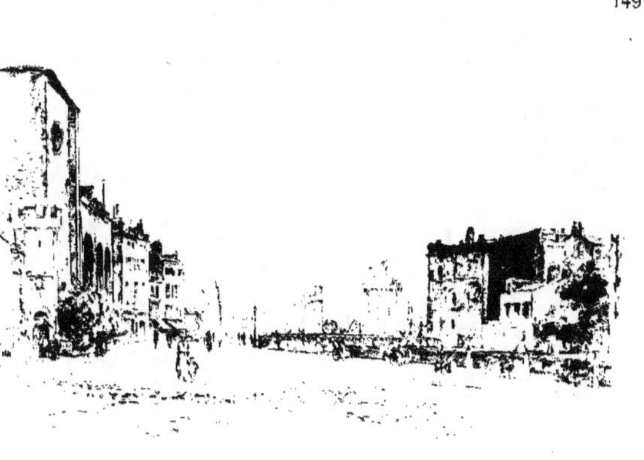

149

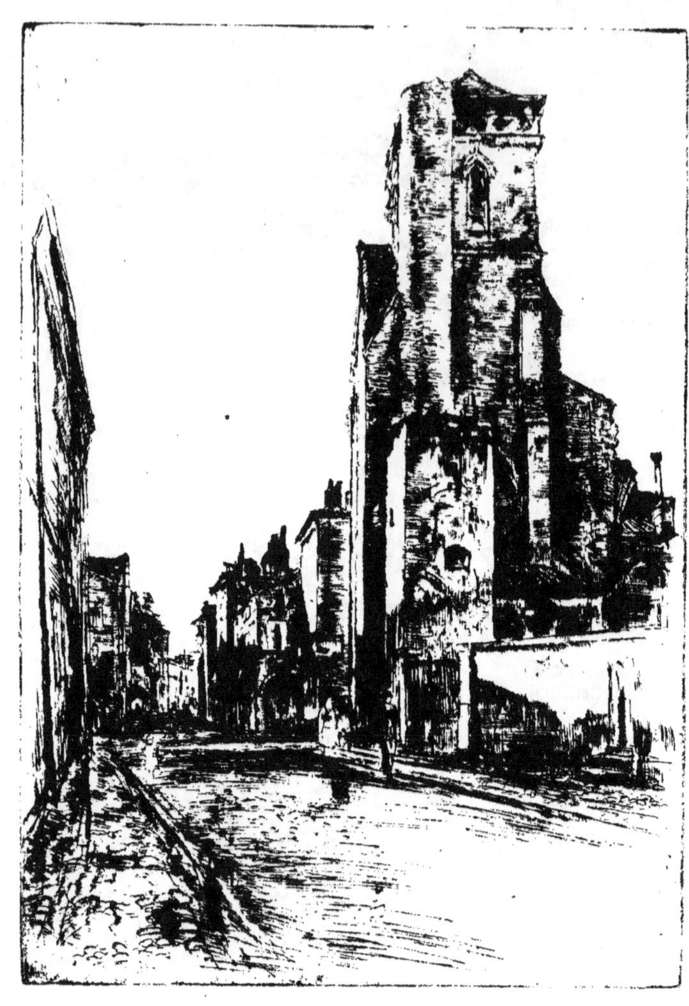

150

150 - LA TOUR ST-BARTHÉLEMY, À LA ROCHELLE. 1924

L. 170 mm - H. 244 mm

Eau-forte non publiée, tirée seulement à 3 ou 4 épreuves, dont il existe deux états :

1ᵉʳ état :
Avant différents travaux. Etat tiré, croyons-nous, à une seule épreuve, signée et annotée.

2ᵉ état :
Avec de nouveaux travaux. Tirage à 2 ou 3 épreuves, signées, annotées *2ᵉ état* et numérotées. Collection M.L. ÉTAT REPRODUIT.

Cuivre détruit.

151 - LA RUE DU MONT-CENIS, À MONTMARTRE. 1924

L. 111 mm - H. 91 mm

1er état :
Avant la lettre gravée dans le sujet, sur le mur, au premier plan à gauche. Tirage à 20 épreuves sur papier ancien ou vergé, signées et numérotées (timbre sec de Sagot). - *B.N. Est. Ef. 453. fol. t.3.* ÉTAT REPRODUIT.

2e état :
Avec la lettre gravée dans le sujet. Cet état a servi de carte-adresse à la galerie Albert Roullier (U.S.A.).

Le cuivre existe.

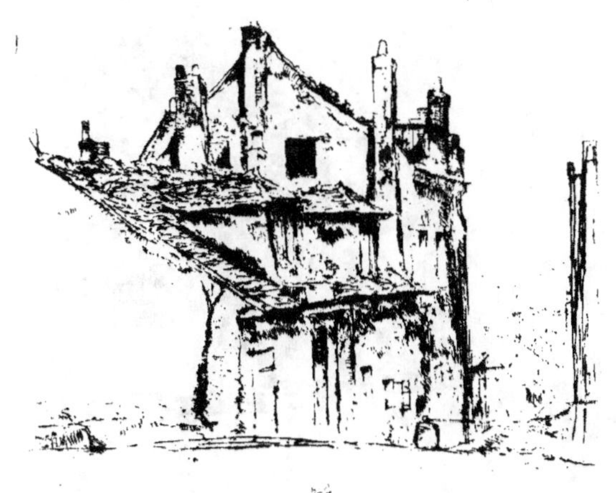

151

152 - LES COTEAUX DE KERMO-DEZ, BRETAGNE. 1924

L. 275 mm - H. 184 mm

1er état :
Avant la signature gravée, en bas à droite. Tirage à quelques rares épreuves d'essai sur papier vergé ou Van Gelder, signées, puis à 25 épreuves sur différents papiers, signées et numérotées (1 à 25).

2e état :
Avec la signature gravée, en bas à droite. Tirage à quelques rares épreuves d'essai, signées et annotées, puis à 50 épreuves sur papier vergé, signées et numérotées (26 à 75). - *B.N. Est. Ef. 453. fol. t.3.* ÉTAT REPRODUIT.

Cuivre détruit.

152

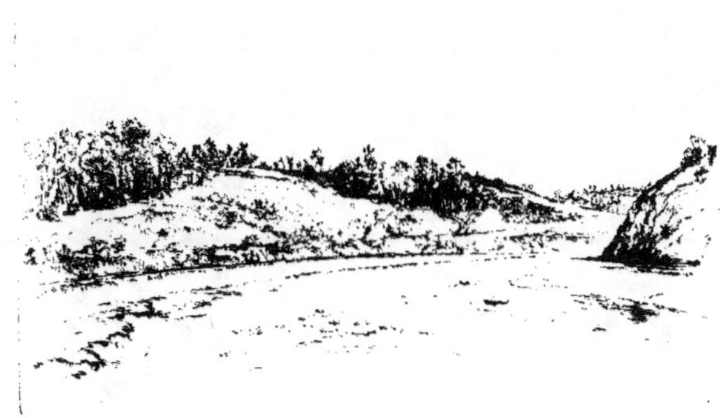

153

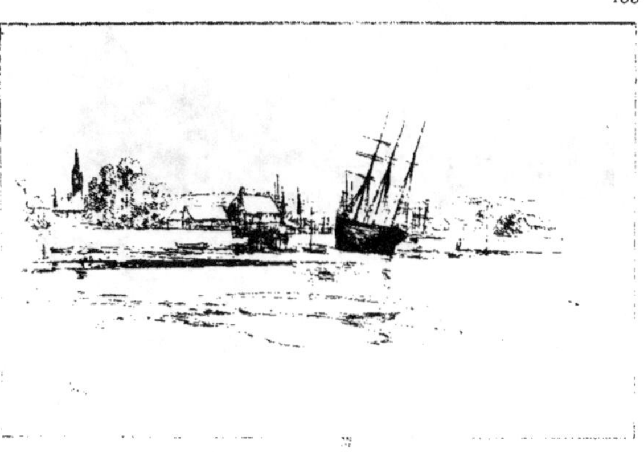

153 - L'EPAVE À PAIMPOL. 1925

L. 235 mm - H. 147 mm.

1er état :
Avant la signature gravée, en bas à gauche. Tirage à quelques rares épreuves d'essai sur papier ancien ou vergé (l'une tirée en ton légèrement bistré), signées et annotées, puis à 30 épreuves sur différents papiers, signées et numérotées (1 à 30).

2e état :
Avec la signature gravée, en bas à gauche. Tirage à 45 épreuves sur papier vergé, signées et numérotées (31 à 75). - *B.N. Est. Ef. 453. fol. t.3.* ÉTAT REPRODUIT.

Cuivre détruit.

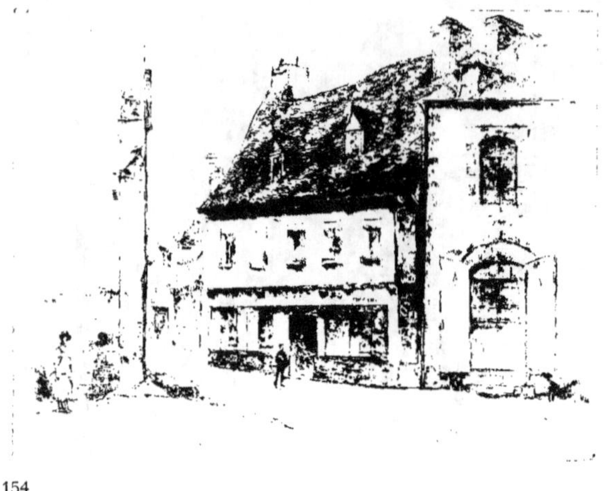

154

154 - LA MAISON ROUGE, À PON-TRIEUX, 1925.

L. 216 mm - H. 158 mm.

1er état :
Avec une femme et une fillette au premier plan, presque au centre de la planche. Avant différents travaux. Tirage à 6 épreuves sur papier vergé ancien ou vergé d'Arches, signées, numérotées et annotées *1er état*.

2e état :
Les deux personnages du premier plan sont effacés. Avant la signature gravée, en bas à gauche. Tirage à 10 épreuves sur papier vergé, signées et numérotées (1 à 10).

3e état :
Avec la signature gravée, en bas à gauche. Tirage à 50 épreuves sur Japon mince ou papier vergé, signées, numérotées (11 à 60) et une contre-épreuve sur papier vergé, signée et annotée. - *B.N. Est. Ef. 453. fol. t.3.*
ÉTAT REPRODUIT.

Cuivre détruit.

155

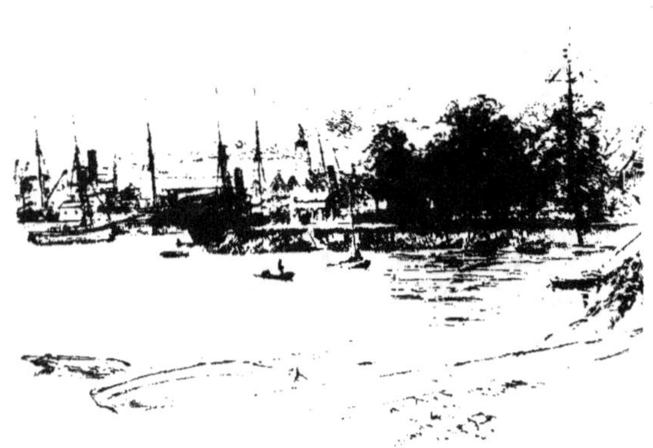

155 - LE JARDIN DU SÉMA-PHORE, LA ROCHELLE. 1925.

L. 236 mm - 168 mm.

1er état :
Avant divers travaux, notamment sur le terrain au premier plan et dans le ciel. Au premier plan à gauche de la planche il y a quatre barques. Tirage à 3 épreuves sur papier vergé, signées, numérotées et annotées *1er état*.

2e état :
Avec de nouveaux travaux, notamment sur le terrain au premier plan et dans le ciel. Des quatre barques du premier plan à gauche trois ont été effacées et une ajoutée, il n'en subsiste donc que deux. Dans la partie droite de la planche, partant du milieu (à environ 30 mm du trait de cuivre), un grand mât a été gravé. Dans la partie gauche de la planche, au fond, un bateau a été ajouté. Tirage à quelques rares épreuves d'essai sur papier ancien ou Japon mince, signées et annotées, puis à 36 épreuves sur Japon mince, signées et numérotées (1 à 36). - *B.N. Est. Ef. 453. fol. t.3.*
ÉTAT REPRODUIT.

Cuivre détruit.

156 - LE PASSAGE SOUS LA VOÛTE, LA ROCHELLE. 1925.

L. 270 mm - H. 184 mm

Eau-forte demeurée inachevée et non publiée.
Tirage à deux épreuves, sans annotation, ni signature, puis à une épreuve tirée sur le cuivre rayé. L'artiste a également tiré une ou deux épreuves qu'il a ensuite découpées pour ne conserver que le sujet principal (fond de cour), ce qui donne une petite estampe de 88 millimètres de hauteur sur 67 de largeur. Une épreuve signée à l'encre dans le bas à gauche par l'artiste, collection M.L.
ÉTAT REPRODUIT.

Cuivre détruit.

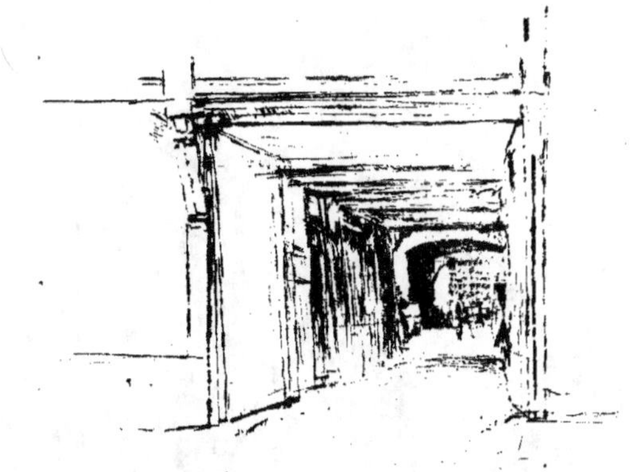

156

157

157 - RUE SAINT-LOUIS, À LA ROCHELLE. 1925.

L. 188 mm - H. 256 mm.

1ᵉʳ état :
Cuivre non ébarbé, certains travaux forment taches et donnent à l'estampe un aspect lourd. Tirage à 2 épreuves sur papier d'Arche, signées, numérotées et annotées *1ᵉʳ état.*

2ᵉ état :
Cuivre partiellement ébarbé. Avant la signature gravée, en bas à gauche. Tirage à une épreuve sur papier d'Arches, signée et annotée *2ᵉ état, épr. unique,* à quelques épreuves signées sur papier d'Arches, Japon mince ou papier ancien, puis à 12 épreuves signées et numérotées (1 à 12).

3ᵉ état :
Avec la signature gravée, en bas à gauche. Tirage à quelques rares épreuves d'essai, puis à 28 épreuves sur papier d'Arches, signées et numérotées (13 à 40). - *B.N. Est. Ef. 453. fol. t.3.*
ÉTAT REPRODUIT.

Madame Maurice Le Garrec nous a signalé avoir eu en sa possession un état intermédiaire entre les 2ᵉ et 3ᵉ états décrits, tiré à 2 épreuves signées et annotées.

Cuivre détruit.

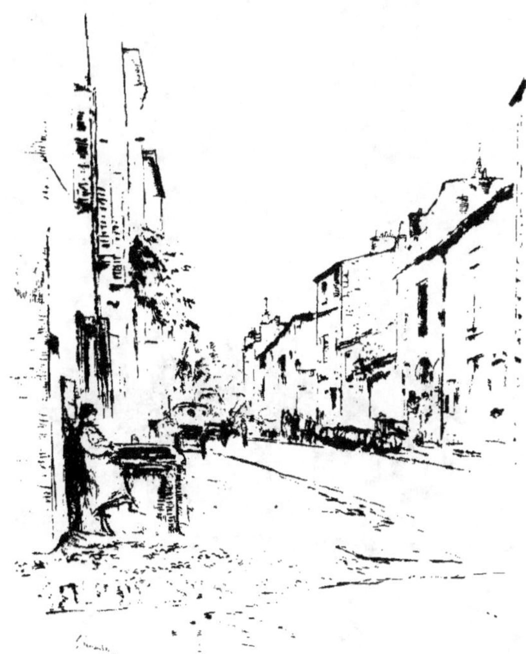

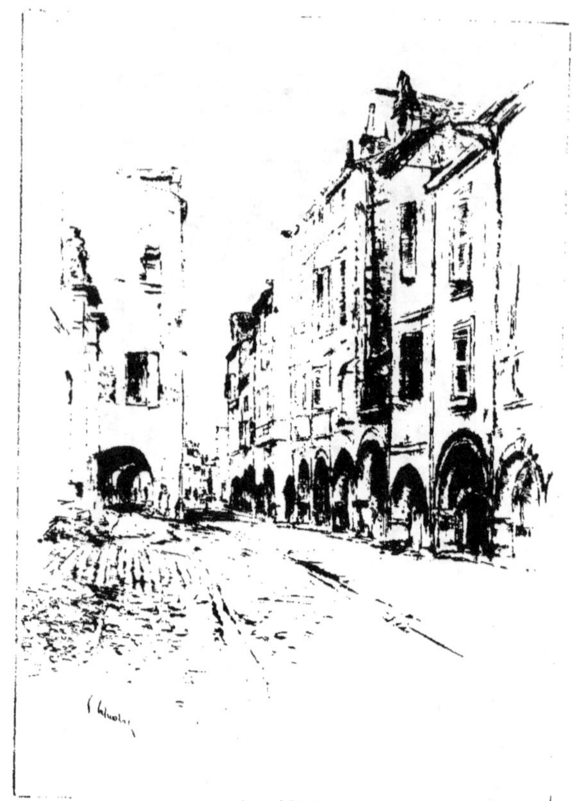

158

158 - LA RUE PERNELLE, À LA ROCHELLE. 1925

L. 214 mm - H. 312 mm.

1er état :
Avant la signature gravée, en bas à gauche. Tirage à 2 épreuves d'essai, sur papier vergé d'Arches, signées, numérotées et annotées *1er* état puis à 27 épreuves signées et numérotées (1 à 27).

2e état :
Avec la signature gravée, en bas à gauche. Tirage à 51 épreuves sur papier vergé d'Arches, signées et numérotées (28 à 78). - *B.N. Est. Ef. 453. fol. t.3.*
ÉTAT REPRODUIT.

Cuivre détruit.

160

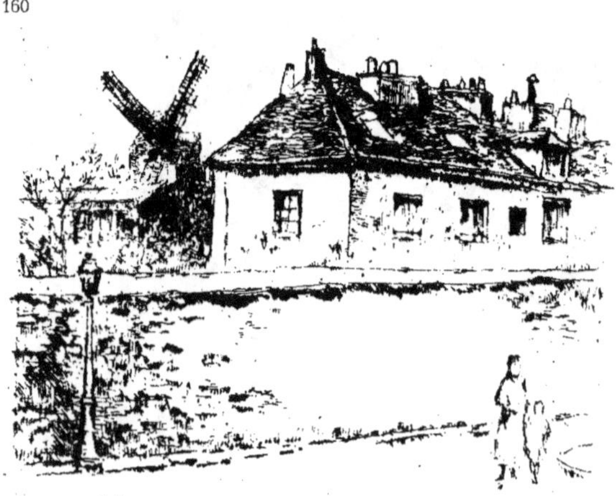

160 - LE MOULIN DE LA GALET-TE, À MONTMARTRE. 1925.

L. 110 mm - H. 82 mm.

1er état :
Avant la lettre gravée sur le nom au centre et avant la signature. Tirage à quelques rares épreuves sur Japon ancien, signées. Collection Vve G. Leheutre. - *B.N. Est. Ef. 453. fol. t.3.* ÉTAT REPRODUIT.

2e état :
Avec la lettre et la signature gravées. En cet état, cette pièce a servi de carte-adresse à M. Maurice Le Garrec, éditeur d'Estampes, 39 bis, rue de Châteaudun, à Paris. -
B.N. Est. Ef. 453. fol. t.3.

Le cuivre existe.

159 - RUE DE NORVINS (LE DÔME
DU SACRÉ-CŒUR DE
MONTMARTRE). 1925.

L. 99 mm - H. 159 mm

1er état :
Avant la lettre gravée et avant la
signature. Tirage à 7 épreuves sur
papier ancien, signées, numérotées et annotées *1er état.* Collec-
tions M.L. et Eugène Delâtre (avec
dédicace). ÉTAT REPRODUIT.

2e état :
Toujours avant la lettre gravée,
mais avec la signature. Tirage à
20 épreuves, signées et numérotées (1 à 20).

3e état :
Avec la lettre gravée. En cet état,
cette pièce a servi de carte de
Christmas à Mr. et Mrs. Pittsbury,
de New York. Tirage à 250 exemplaires.

Le cuivre existe.

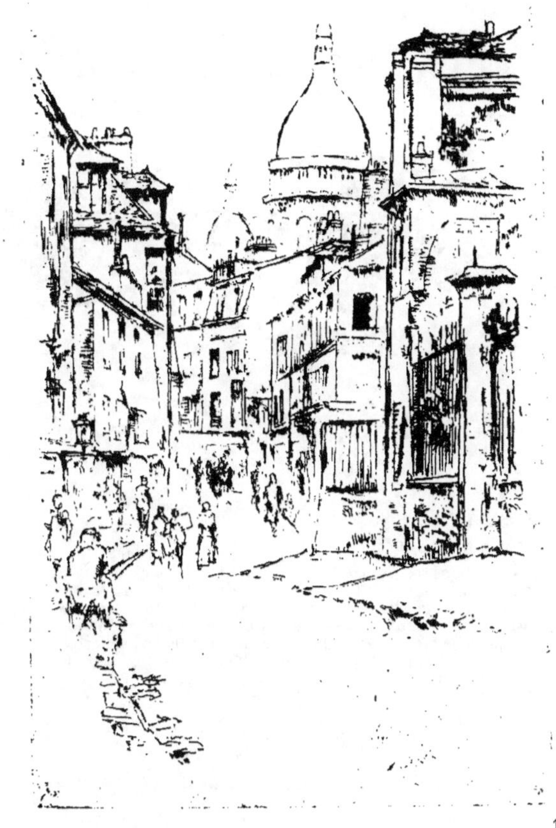

159

161

161 - CANAL À GOURNAY. 1925.

L. 185 mm - H. 127 mm

Pointe sèche non publiée, dont
nous ne connaissons qu'une seule
épreuve, signée et titrée par
l'artiste, tirée sur Chine volant.
Cabinet des Estampes, Paris
(épreuve de la collection
Ed. Mahé).
B.N. Est. Ef. 453. fol. t.3.
REPRODUITE ICI.

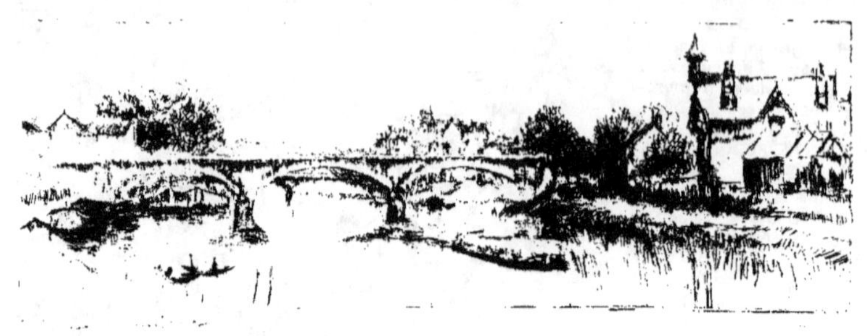

162

162 - BORDS DE MARNE. 1925.

L. 150 mm - H. 50 mm.

Nous n'avons rencontré de cette petite pièce qu'une seule épreuve, REPRODUITE ICI, signée et annotée *3ᵉ état épr. unique*, légèrement retouchée par l'artiste. Nous pensons donc qu'il existe au moins deux autres épreuves, d'états antérieurs, mais que cette planche n'a pas été publiée (aucune épreuve ne se trouvait dans la collection de l'artiste et nous n'en avons pas, non plus, trouvé de traces dans le fichier Sagot-Le Garrec, éditeur de Leheutre).

Le cuivre a vraisemblablement été détruit.

163

163 - CANAL À GOURNAY. 1925.

L. 246 mm - H. 177 mm.

Eau-forte non publiée, dont il existe deux états :

1ᵉʳ état :
Avant divers travaux, notamment en bordure du chemin qui longe le canal, au premier plan, sur le premier bateau à gauche, etc. Tirage à une seule épreuve sur papier vergé d'Arches, signée et annotée *1ᵉʳ état. épr. unique.*

2ᵉ état :
Avec les travaux indiqués ci-dessus. Tirage à une seule épreuve sur papier vergé d'Arches, signée et annotée *2ᵉ et dernier état. épr. unique.* Collection M.L.
ÉTAT REPRODUIT.

Cuivre détruit.

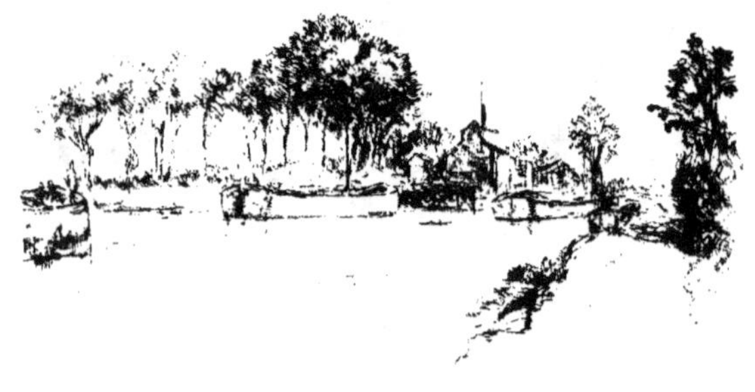

164 - LA MAISON JAUNE, À PON-TRIEUX. 1926.

L. 147 mm - H. 227 mm.

1ᵉʳ état :
Avant de nombreux travaux, notamment sur le terrain, au premier plan. La femme debout sur le pas de la porte, à gauche, au-dessus de la femme assise sur une marche, est à peine equissée. Tirage à 6 épreuves sur papier

vergé, signées, numérotées et
annotées *1er état*.

2e état :
Avec de nombreux travaux
ajoutés, notamment sur le terrain,
au premier plan et sur la maison
du centre. Avec la femme debout
sur le pas de la porte. Avant la
signature gravée, en bas à gauche.
Tirage à quelques rares épreuves
d'essai sur papier ancien verdâtre
ou vergé, signées et annotées,
puis à 26 épreuves sur papier
ancien ou vergé, signées et numérotées (1 à 26). - *B.N. Est. Ef. 453.
fol. t.3.* ÉTAT REPRODUIT.

3e état :
Avec la signature gavée, en bas à
gauche. Tirage à 49 épreuves,
signées et numérotées (27 à 75).

Cuivre détruit.

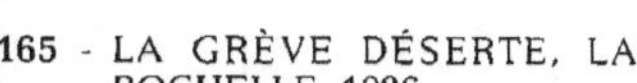

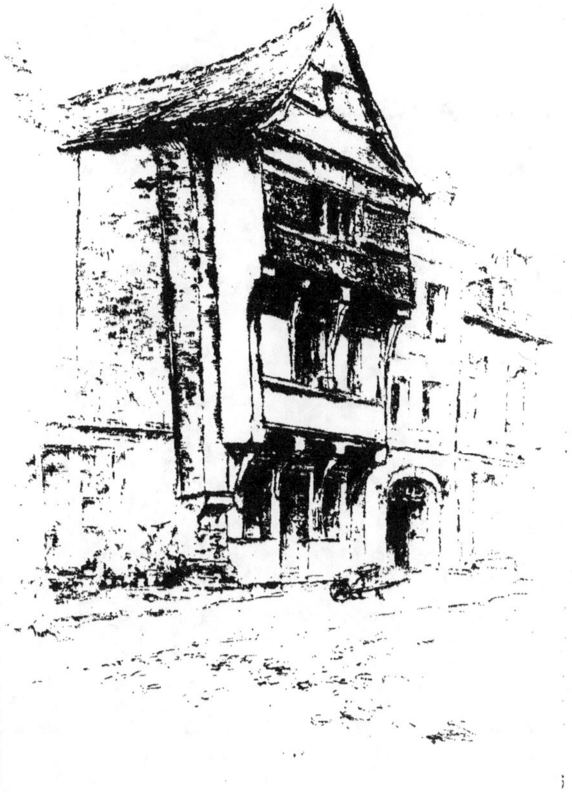

165 - LA GRÈVE DÉSERTE, LA
ROCHELLE. 1926.

L. 230 mm - H. 142 mm.

1er état :
Avant divers travaux, notamment
dans l'eau et le ciel. Le personnage
qui se trouve à gauche de la
planche est à peine esquissé.
Tirage à 3 épreuves sur papier
vergé, signées, numérotées et
annotées.

2e état :
Avec de nouveaux travaux,
notamment dans l'eau et le ciel.
Dans la partie gauche de la
planche le personnage a été complété et un enfant a été ajouté.
Dans les lointains, à droite, trois
minuscules bateaux ont été
ajoutés avant la signature gravée,
en bas à gauche. Tirage à quelques rares épreuves d'essai sur
papier vergé ou Japon mince,
signées, l'une annotée *1re épr.
d'essai*, puis à 30 épreuves signées
et numérotées (1 à 30).

3e état :
Avec la signature gravée, en bas à
gauche. Tirage à 45 épreuves sur
papier vélin fin, signées et numérotées (31 à 75). - *B.N. Est. Ef. 453.
fol. t.3.*
ÉTAT REPRODUIT..

Cuivre détruit.

164

165

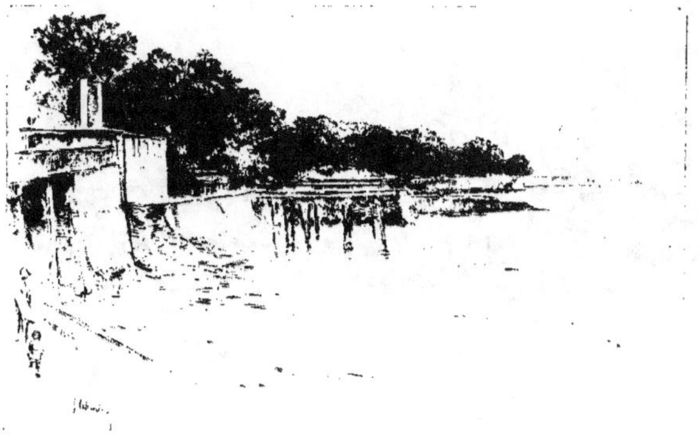

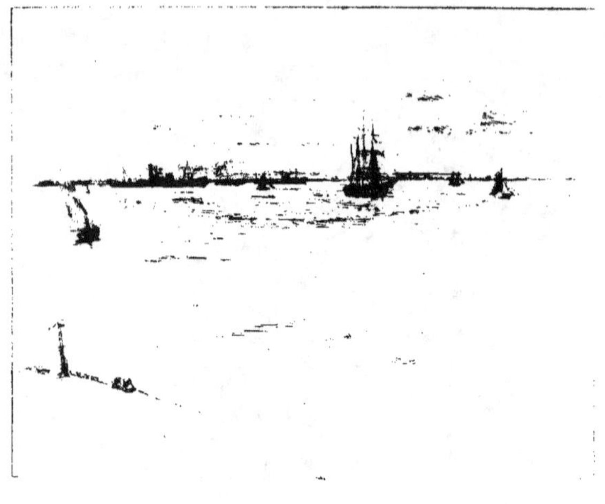

166

166 - EN RADE DE RÉ. 1926.

L. 207 mm - H. 157 mm.

1er état :
Avant divers travaux dans l'eau.
Tirage à 6 épreuves sur papier
vergé et papier ancien verdâtre,
signées, numérotées et annotées
1er état.

2e état :
Avec de nouveaux travaux dans
l'eau, entre autres, 4 petits traits
très visibles à environ 40 mm du
trait de cuivre du bas et 70 mm du
trait de cuivre de droite. Avant la
signature gravée, en bas à gauche.
Tirage à quelques rares épreuves
d'essai sur papier ancien, vergé,
Japon mince ou pelure, signées et
annotées, puis à 21 épreuves
signées et numérotées (1 à 21).

3e état :
Avec la signature gravée, en bas à
gauche. Tirage à 54 épreuves sur
différents papiers, signées et
numérotées (22 à 75) - *B.N. Est.
Ef. 453. fol. t.3.*
ÉTAT REPRODUIT.

L'annotation de la main de l'artiste
2e état sur les épreuves du *1er* état
décrit ci-dessus laisserait suppo-
ser l'existence d'un état antérieur
dont nous n'avons rencontré
aucune épreuve, pas même dans
la collection personnelle de
l'artiste.

Cuivre détruit.

167

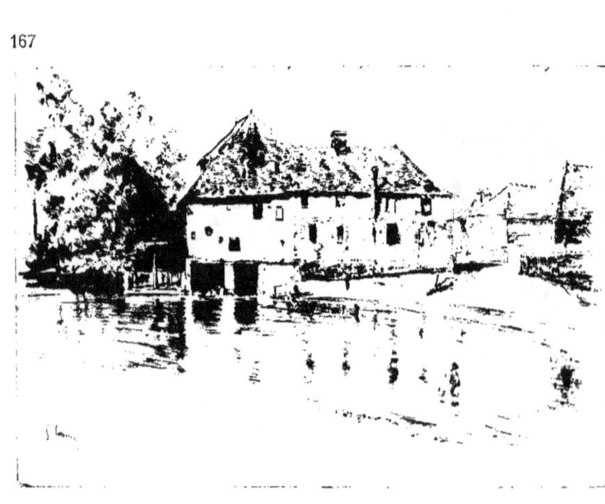

**167 - LE MOULIN DE BAIRES.
1926.**

L. 291 mm - H. 196 mm

1er état :
Avant la signature gravée, en bas
à gauche. Tirage à 17 épreuves,
signées et numérotées (1 à 17).

2e état :
Avec la signature gravée, en bas à
gauche. Tirage à 58 épreuves sur
papier d'Arches, signées et numérotées (18 à 75). - *B.N. Est. Ef. 453.
fol. t.3.*
ÉTAT REPRODUIT.

Cuivre détruit.

**168 - LA MARÉE À PONT-
HUBERT. 1927**

L. 235 mm - H. 167 mm.

1er état :
Avant la signature gravée, en bas
à gauche. Tirage à quelques rares
épreuves d'essai (3 ou 4) sur
papier ancien ou Japon mince,
sans aucune annotation, ni signa-

ture, puis à 21 épreuves sur différents papiers, signées et numérotées (1 à 21).

2ᵉ état :
Avec la signature gravée, en bas à gauche. Tirage à 24 épreuves signées et numérotées (22 à 45). - *B.N. Est. Ef. 453. fol. t.3.* ÉTAT REPRODUIT.

Cuivre détruit.

169 - LES TOITS DE VILLEMOM-
BLE. 1927.

L. 306 mm - H. 200 m.

1ᵉʳ état :
Avant la signature gravée, en bas à droite. Tirage à quelques rares épreuves d'essai sur Japon mince, papier ancien ou vergé, signées, puis à 24 épreuves sur différents papiers, signées et numérotées (1 à 24). - *B.N. Est. Ef. 453. fol. t.3.* ÉTAT REPRODUIT.

2ᵉ état :
Avec la signature gravée, en bas à droite. Tirage à 31 épreuves sur papier vergé mince, signées et numérotées (21 à 55).

Cuivre détruit.

170 - LA RUE PASSERAT, À
TROYES. 1927.

L. 203 mm - H. 148 mm.

1ᵉʳ état :
Avant le ciel et avant différents travaux, notamment sur le derrière de l'église et sur les maisons de gauche. Tirage à 4 épreuves sur papier vergé mince, signées et numérotées.

2ᵉ état :
Avec les travaux indiqués ci-dessus. Avant la signature gravée, en bas à droite. Tirage à quelques rares épreuves d'essai sur papier ancien ou Japon mince, signées dont une épreuve sur papier ancien annotée *épr. d'essai ;* puis à 16 épreuves sur différents papiers, signées et numérotées (1 à 16).

3ᵉ état :
Avec la signature gravée, en bas à droite. Tirage à 49 épreuves sur papier vergé, signées et numérotées (17 à 65). - *B.N. Est. Ef. 453. fol. t.3.* ÉTAT REPRODUIT.

Cuivre détruit.

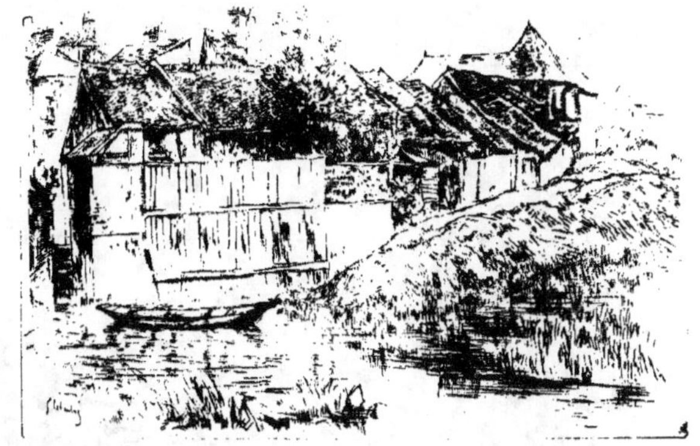

168

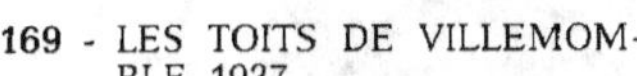

169

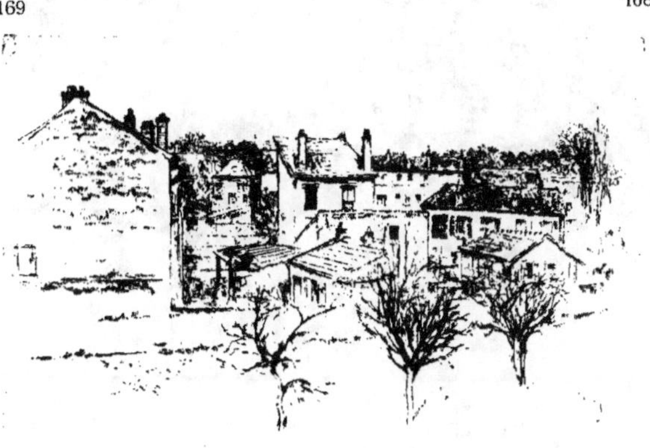

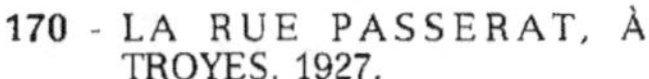

170

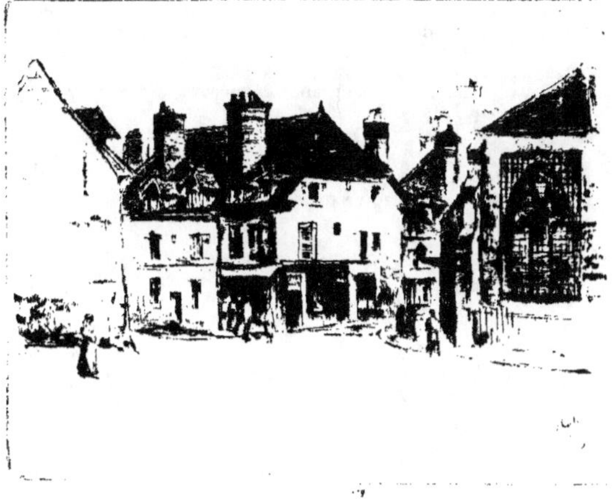

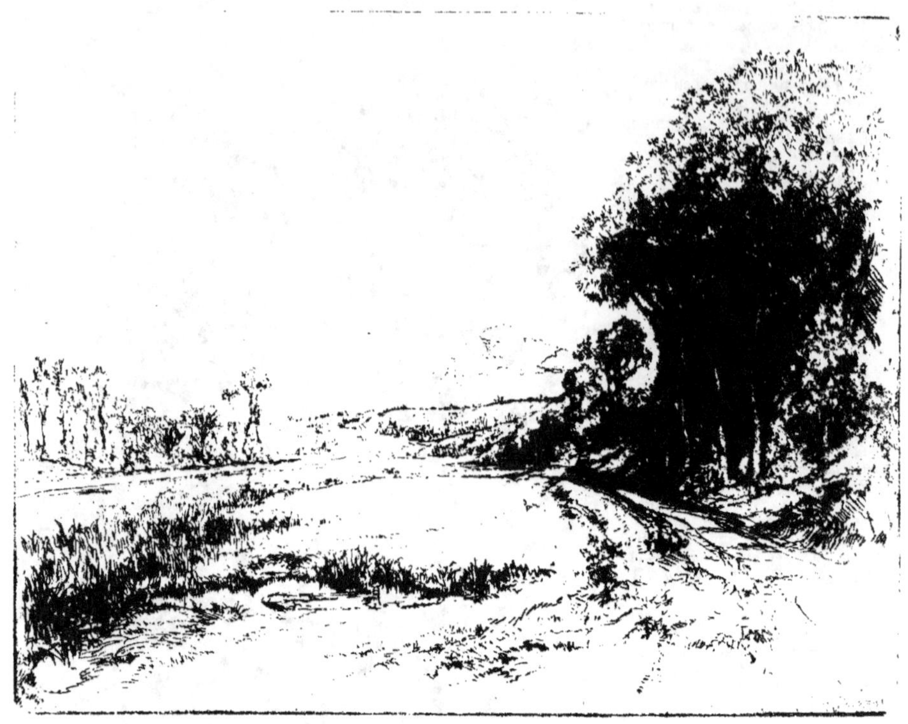

171

171 - PAYSAGE BRETON. 1927.

L. 202 mm - H. 151 mm.

1ᵉʳ état :
Avant la signature gravée, en bas à droite. Tirage à quelques rares épreuves d'essai sur papier mince ou vergé d'Arches, signées dont une épreuve sur vergé annotée *épr. d'essai ;* puis à 22 épreuves sur papier ancien et Japon, signées et numérotées (1 à 22). - *B.N. Est. Ef. 453. fol. t.3.* ÉTAT REPRODUIT.

2ᵉ état :
Avec la signature gravée, en bas à droite. Tirage à 53 épreuves sur papier vergé, signées et numérotées (23 à 75).

Cuivre détruit.

172 - LE QUAI DE L'HÔPITAL, À TROYES. 1927.

L. 206 mm - H. 133 mm.

1ᵉʳ état :
Avant l'ébarbage partiel de la planche. Tirage à 5 épreuves sur différents papiers, signées et numérotées.

2ᵉ état :
La planche est partiellement ébarbée. Avant la signature gravée, en bas à droite. Tirage à 12 épreuves sur Japon mince, signées et numérotées (1 à 12).

3ᵉ état :
Avec la signature gravée, en bas à droite. Tirage à quelques rares épreuves d'essai, puis à 33 épreuves sur papier vergé, signées et numérotées (13 à 45). - *B.N. Est. Ef. 453. fol. t.3.* ÉTAT REPRODUIT.

Cuivre détruit.

173 - L'ESPLANADE DES CHARMILLES, À TROYES. 1927.

L. 222 mm - H. 131 mm

1ᵉʳ état :
Avec trois chevaux indiqués dans la partie droite du sujet. Tirage à quelques rares épreuves d'essai, signées dont une épreuve sur papier ancien annotée *1ᵉʳ état* et numérotée 3/6.

2ᵉ état :
Quelques travaux, dans le terrain à gauche, ont disparu. Les trois chevaux de droite ont été

effacés, un autre a été ajouté ainsi
que deux personnages. Avant la
signature gravée, en bas à droite.
Tirage à quelques rares épreuves
d'essai, signées, puis à
25 épreuves sur différents
papiers, signées et numérotées (1
à 25).

3ᵉ état :
Avec la signature gravée, en bas à
droite. Tirage à 50 épreuves sur
papier vergé, signées, numérotées
(26 à 75). - *B.N. Est. Ef. 453. fol. t.3.*
ÉTAT REPRODUIT.

Cuivre détruit.

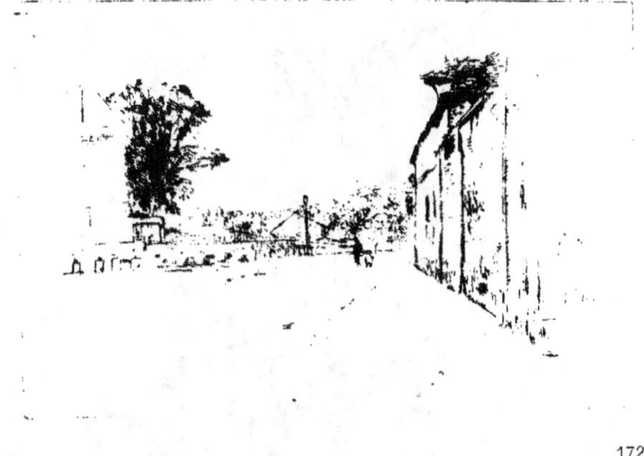

172

173

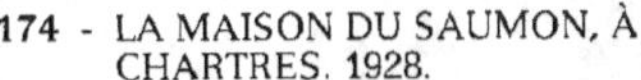

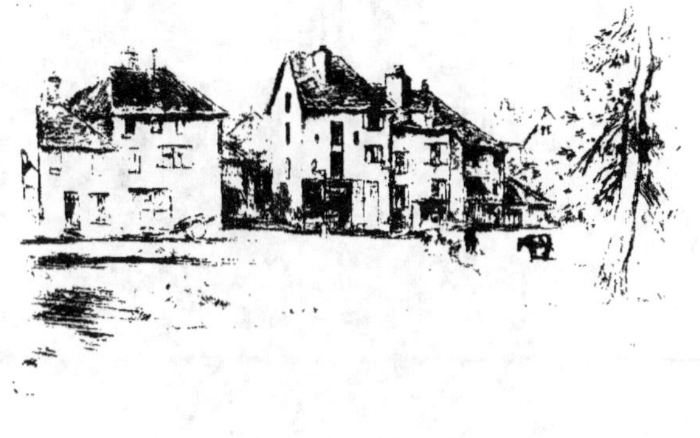

174 - LA MAISON DU SAUMON, À
CHARTRES. 1928.

L. 271 mm - H. 210 mm.

1ᵉʳ état :
Avant de nombreux travaux.
Tirage à 6 épreuves signées,
numérotées et annotées *1ᵉʳ état.*

2ᵉ état :
Avec de nombreux travaux
ajoutés, notamment dans la façade
de la maison, où les ombres ont
été renforcées. Tirage à
6 épreuves signées, numérotées et
annotées *2ᵉ état.*

3ᵉ état :
Avec de nouveaux travaux sur le
pignon à droite de la planche. Les
personnages qui se voyaient dans
la partie de gauche ont été effacés
et remplacés par d'autres, plus
nombreux et plus poussés. Au-
dessous de ces personnages, nou-
velles tailles à la pointe sur le sol
au premier plan. Toujours avant la
signature gravée, en bas à droite.
Tirage à quelques rares épreuves
d'essai, signées.

4ᵉ état :
Avec la signature gravée, en bas à
droite. Tirage à quelques épreuves
d'essai, signées dont une épreuve
sur arches annotée *4ᵉ et dernier
état, ép. d'essai ;* puis à
110 épreuves, signées et numérotées pour la Société des « Peintres-
graveurs français ». - *B.N. Est.
Ef. 453. fol. t.3.* ÉTAT REPRODUIT.

Cuivre détruit.

174

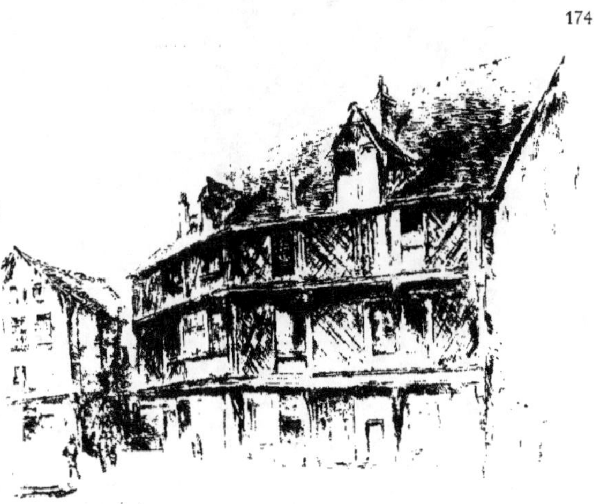

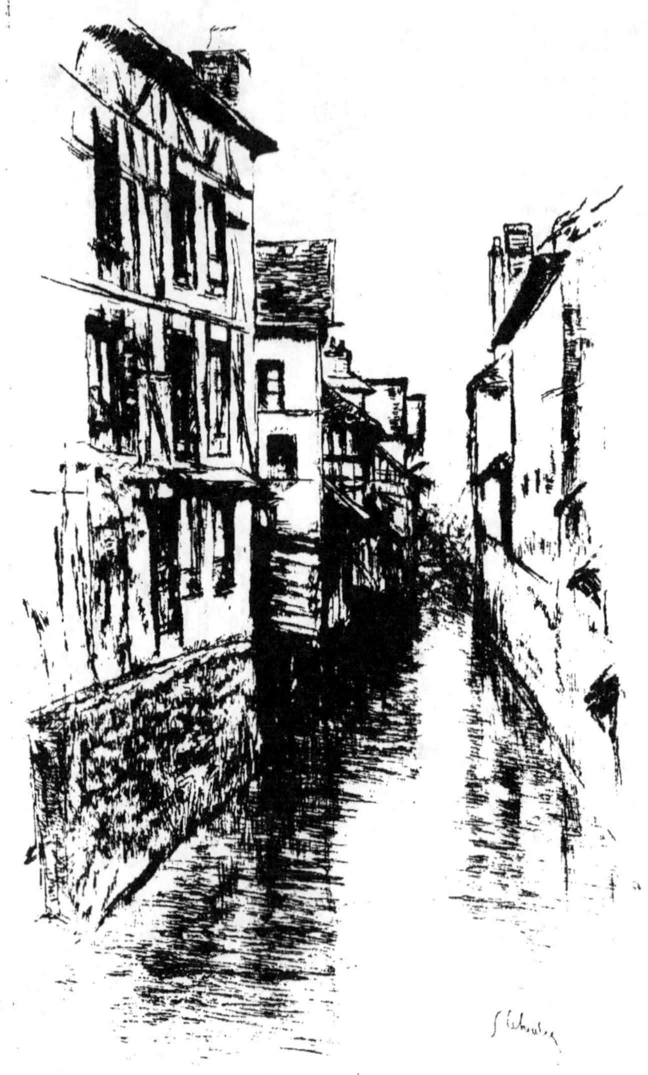

175

175 - LE PONT DES CAILLES, À TROYES. 1928.

L. 131 mm - H. 220 mm.

1er état :
Avant l'ébarbage partiel de la planche. Tirage à 6 épreuves, signées et annotées, dont une épreuve sur papier vergé numérotée 6/6.

2e état :
La planche est partiellement ébarbée. Avant la signature gravée, en bas à droite. Tirage à quelques rares épreuves d'essai sur Japon mince ou papier ancien ou vergé, signées dont une épreuve sur papier vergé annotée *ép. d'essai 75 ép.* ; puis à 19 épreuves, signées et numérotées (1 à 19).

3e état :
Avec la signature gravée, en bas à droite. Tirage à 55 épreuves sur papier vergé, signées et numérotées (20 à 75). - *B.N. Est. Ef. 453. fol. t.3.* ÉTAT REPRODUIT.

Cuivre détruit.

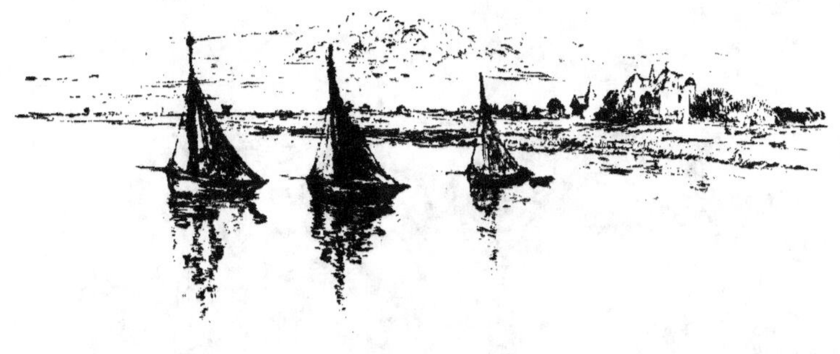

176 - LES TROIS BARQUES DU CROISIC. 1928.

    L. 221 mm - H. 132 mm.

    1ᵉʳ état :
Avant la signature gravée, en bas à gauche. Tirage à 28 épreuves sur papier ancien
ou Japon, signées et numérotées (1 à 28).

    2ᵉ état :
Avec la signature gravée, en bas à gauche. Tirage à 47 épreuves sur papier vergé,
signées et numérotées (29 à 75). - *B.N. Est. Ef. 453. fol. t.3.* ÉTAT REPRODUIT.

    Cuivre détruit.

177 - LE MANOIR DE KERMODEC, BRETAGNE. 1928.

    L. 223 mm - H. 131 mm.

    1ᵉʳ état :
Avant la signature gravée, en bas à droite. Tirage à quelques rares épreuves d'essai
sur papier vergé ou Japon mince, signées, puis à 27 épreuves sur différents papiers,
signées et numérotées (1 à 27).

    2ᵉ état :
Avec la signature gravée, en bas à droite. Tirage à 48 épreuves sur papier vergé,
signées et numérotées (28 à 75). - *B.N. Est. Ef. 453. fol. t.3.* ÉTAT REPRODUIT.

    Cuivre détruit.

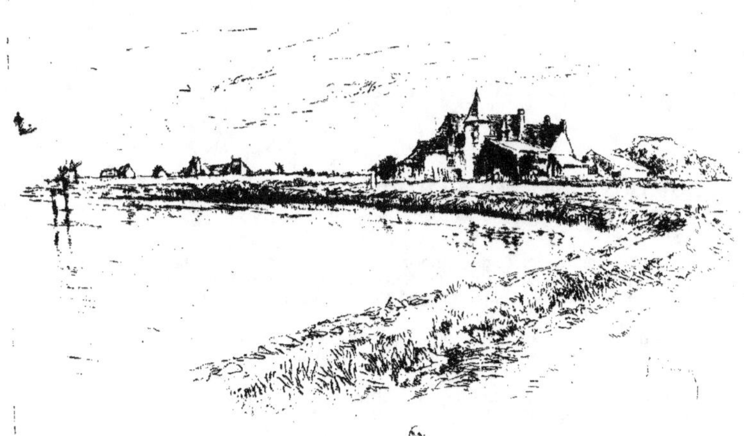

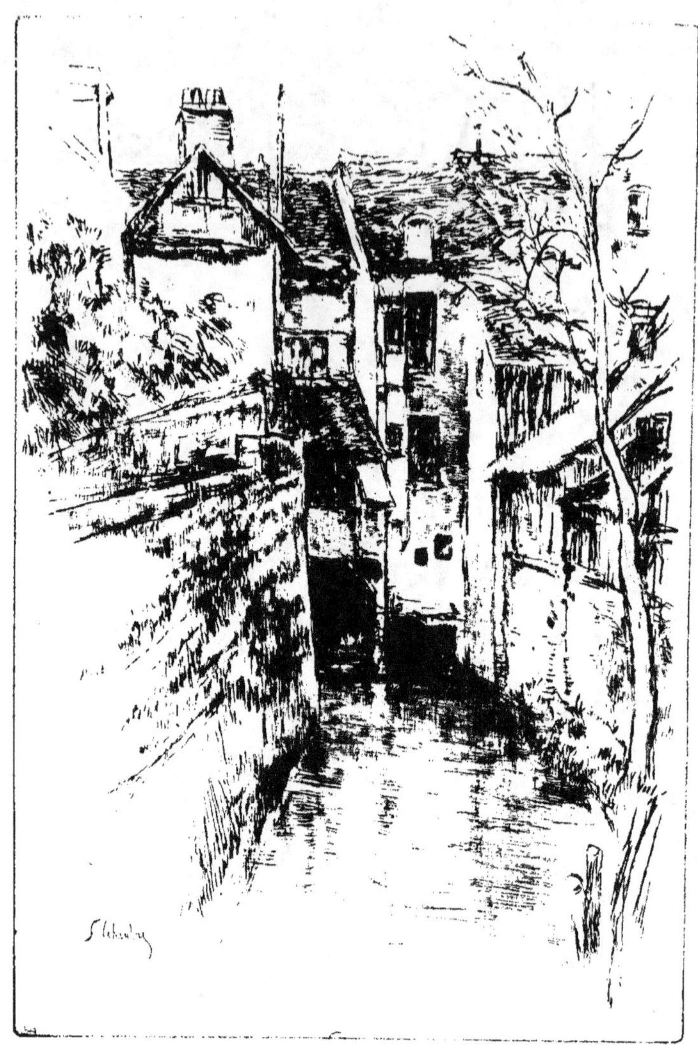

178

178 - LES MAISONS SUR L'EAU, À CHARTRES. 1929.

L. 153 mm - H. 231 mm.

1ᵉʳ état :
Avant la deuxième rangée de tailles horizontales sur la rivière à gauche et avant de nombreux travaux d'ombres sur les murs des maisons à droite de la planche. Tirage à 5 épreuves sur différents papiers, signées et numérotées.

2ᵉ état :
Avec les travaux indiqués ci-dessus. Avant la signature gravée, en bas à gauche. Tirage à 17 épreuves sur Japon, signées et numérotées (1 à 17).

3ᵉ état :
Avec la signature gavée, en bas à gauche. Tirage à 58 épreuves sur papier vergé, signées et numérotées (18 à 75). - *B.N. Est. Ef. 453. fol. t.3.* ÉTAT REPRODUIT.

Cuivre détruit.

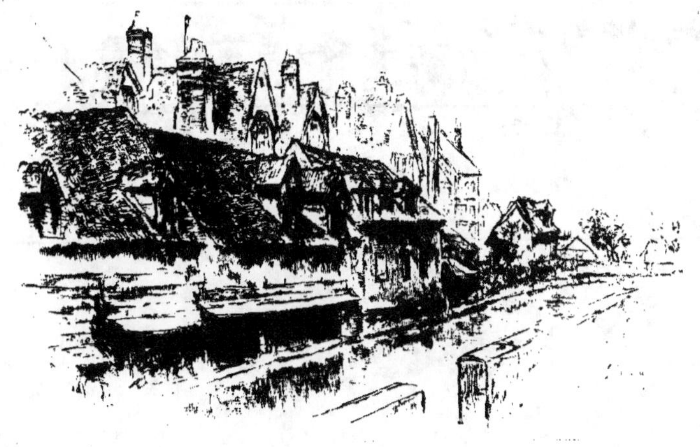

179 - LE LAVOIR DES TROIS MOULINS, À CHARTRES.
(2ᵉ planche). 1929

L. 260 mm - H. 158 mm.

1ᵉʳ état :
Avant de nombreux travaux, notamment sur les toits des maisons. On ne voit que deux lucarnes au lieu de sept et le dernier arbre à droite au bord de la planche n'existe pas. Tirage à une seule épreuve, signée et annotée.

2ᵉ état :
Avec les travaux indiqués ci-dessus. Avant la signature gravée, en bas. Tirage à quelques rares épreuves d'essai, signées, puis à 25 épreuves sur divers papiers, signées et numérotées (1 à 25).

3ᵉ état :
Avec la signature gravée, en bas... Tirage à 50 épreuves sur papier vergé, signées et numérotées (26 à 75). - *B.N. Est. Ef. 453. fol. t.3.*
ÉTAT REPRODUIT.

Cuivre détruit.

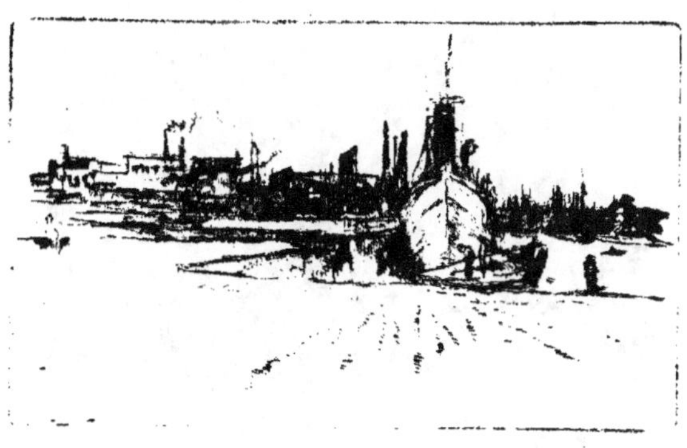

180 - LE CHALUTIER, LA ROCHELLE. c. 1930

L. 102 mm - H. 61 mm.

Eau-forte non publiée, tirée seulement à 3 ou 4 épreuves sur papier vergé dont une seule signée. - *B.N. Est. Ef. 453. fol. t.3.* REPRODUITE ICI ; une autre dédicacée à Delâtre.

Cuivre détruit.

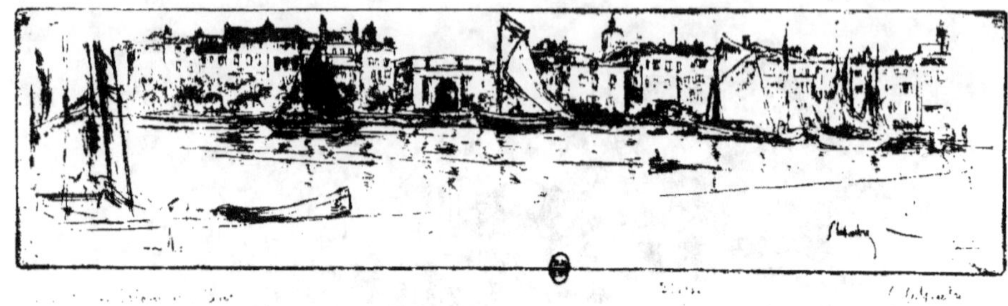

181

182

183

181 - LE COURS DES DAMES, À
LA ROCHELLE. 1930.

L. 227 mm - H. 57 mm.

1er état :
Avant la signature gravée, en bas
à droite. Tirage à quelques rares
épreuves d'essai, signées, dont
une sur papier vergé d'Arches,
annotée *épr. d'essai* ; puis à
26 épreuves sur différents
papiers, signées et numérotées (1
à 26).

2e état :
Avec la signature gravée, en bas à
droite. Tirage à quelques épreuves
d'essai sur papier vergé d'Arches,
signées, puis à 49 épreuves sur
Hollande, signées et numérotées
(27 à 75). - *B.N. Est. Ef. 453. fol. t.3.*
ÉTAT REPRODUIT.

Cuivre détruit.

182 - GOÉLETTE À L'ANCRE, LA
ROCHELLE. 1930.

L. 230 mm - H. 133 mm.

1er état :
Avant la signature gravée, en bas
à droite. Tirage à quelques rares
épreuves d'essai sur papier vergé,
signées, puis à 16 épreuves sur
différents papiers, signées et
numérotées (1 à 16).

2e état :
Avec la signature gravée, en bas à
droite. Tirage à quelques rares
épreuves d'essai, sur papier
vergé, signées, puis à 44 épreuves
sur le même papier, signées et
numérotées (17 à 60). - *B.N. Est.
Ef. 453. fol. t.3.* ÉTAT REPRODUIT.

Cuivre détruit.

183 - LE DÉPART DES VOILIERS,
LA ROCHELLE. 1930.

L. 151 mm - H. 85 mm.

1er état :
Avant la signature gravée,

- épreuve signée et annotée *1⁰ᵉ état*.
Collection M.L. ÉTAT REPRODUIT.

2ᵉ état :
Avec la signature gravée, en bas à
droite. A servi, en cet état, de carte
de vœux pour Mme et M. Linard
C. Crossett.

Cuivre détruit.

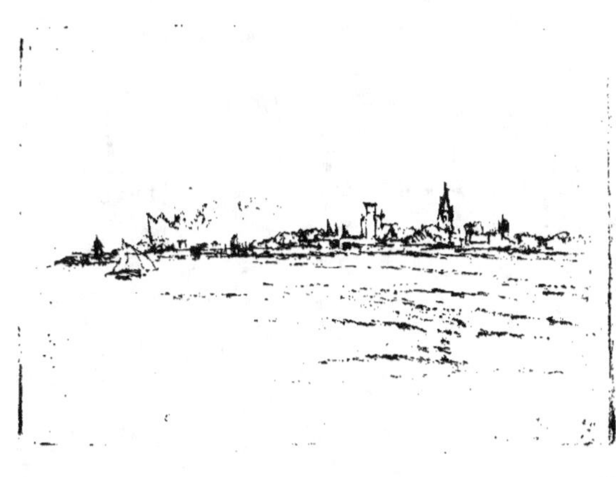

184

184 - LA ROCHELLE, VUE DU
MÔLE. 1930.

L. 90 mm - H. 63 mm.

Nous n'avons rencontré de cette
petite eau-forte qu'un seul état.
Tirage à 2 ou 3 épreuves d'essai,
puis à 12 épreuves sur papier
ancien, signées et numérotées.
Collection M.L. ÉTAT REPRODUIT.

Cuivre détruit.

185

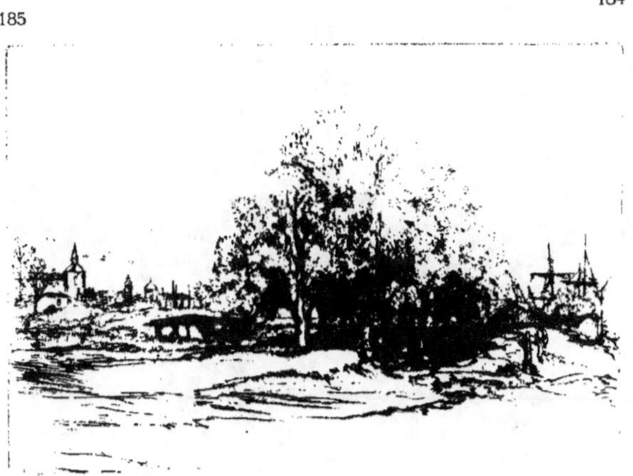

185 - BOUQUET DE BOIS A TAS-
DON, LA ROCHELLE. 1930

L. 246 mm - H. 178 mm.

Eau-forte non publiée, tirée seule-
ment à 3 épreuves sur papier Van
Gelder, signées et numérotées.
Collection M.L. REPRODUITE ICI.

Cuivre détruit.

186

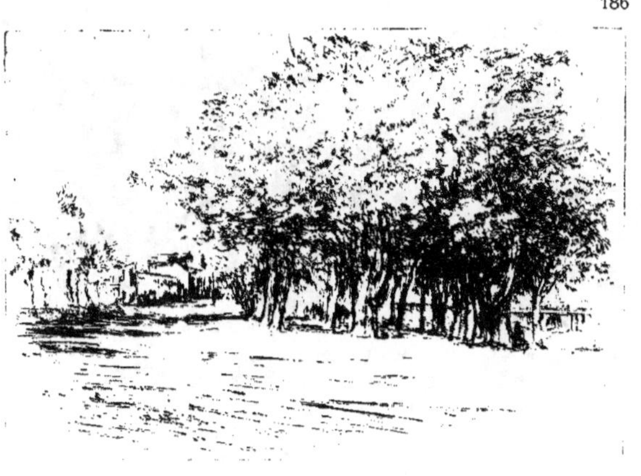

186 - LE CHEMIN DE LA DIGUE,
AU CROISIC. 1930.

L. 231 mm - H. 153 mm.

Eau-forte non publiée, dont il
existe deux états :

1ᵉʳ état :
Avant l'ébarbage partiel de la
planche, principalement dans le
bouquet d'arbres qui occupe la
partie du centre et de droite.
Tirage à 4 épreuves sur papier
vergé, signées, numérotées et
annotées *1ᵉʳ état*.

2ᵉ état :
La planche est partiellement ébarbée, notamment dans la partie
signalée ci-dessus. Tirage à
2 épreuves sur papier vergé,
signées, numérotées et annotées
2ᵉ état. - Collection M.L. ÉTAT
REPRODUIT.

Cuivre détruit.

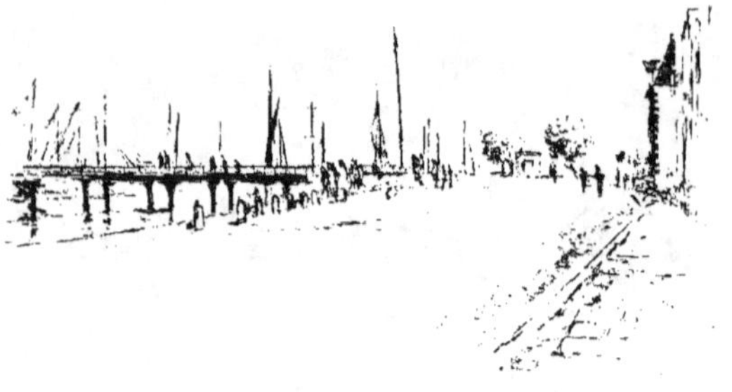

187

187 - LA PASSERELLE DU CROI-
SIC. 1930.

L. 233 mm - H. 133 mm.

1ᵉʳ état :
Avant la signature gravée. Tirage
à 20 épreuves sur différents
papiers, signées et numérotées (1
à 20).

2ᵉ état :
Avec la signature gravée. Tirage à
55 épreuves sur papier de Hollande, signées et numérotées (21 à
75). - *B.N. Est. Ef. 453. fol. t.3.*
ÉTAT REPRODUIT.

Cuivre détruit.

188 - LES ÉPAVES DU CROISIC.
1930.

L. 299 mm - H. 163 mm.

1ᵉʳ état :
Avant la signature gravée. Tirage
à 2 ou 3 épreuves d'essai, signées
dont une épreuve sur papier vélin
annotée *épr. d'essai ;* puis à
21 épreuves sur différents
papiers, signées et numérotées (1
à 21).

2ᵉ état :
Avec la signature gravée. Tirage à
54 épreuves, signées et numérotées (22 à 75). - *B.N. Est. Ef. 453.
fol. t.3.*
ÉTAT REPRODUIT.

Cuivre détruit.

188

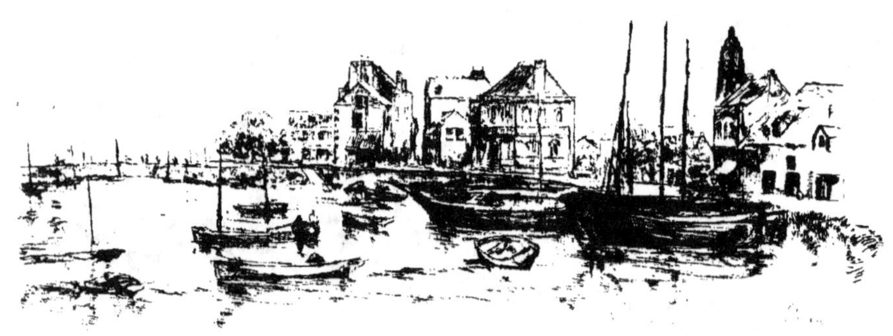

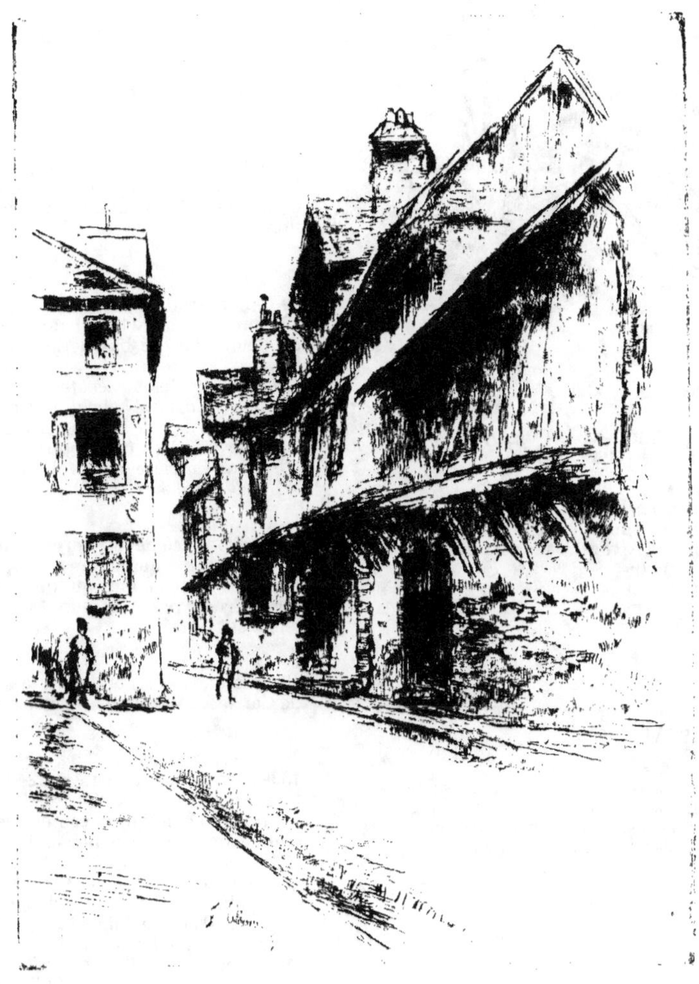

189

189 - RUE LINARD-GONTIER, À TROYES. 1930.

L. 170 mm - H. 240 mm.

1er état :
Avant la signature gravée, en bas à gauche. Tirage à quelques rares épreuves d'essai sur papier vergé d'Arches, signées, puis à 29 épreuves signées et numérotées (1 à 29).

2e état :
Avec la signature gravée, en bas à gauche. Tirage à quelques rares épreuves d'essai, puis à 46 épreuves sur papier vergé de Hollande, signées et numérotées (30 à 75). - *B.N. Est. Ef. 453. fol. t.3.*
ÉTAT REPRODUIT.

Cuivre détruit.

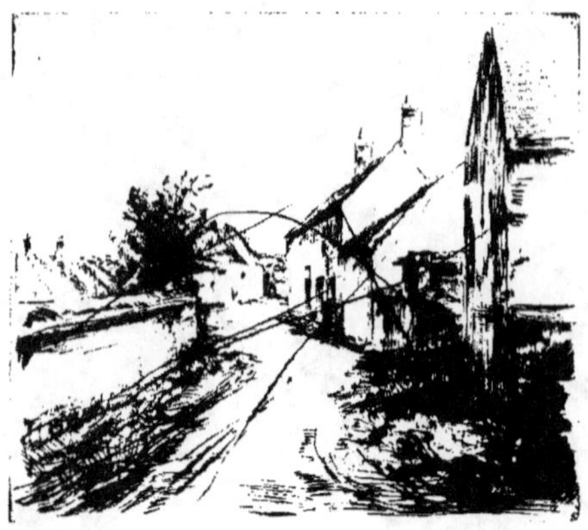

190

190 - ROUTE TRAVERSANT UN VILLAGE (environs de Chartres). 1929.

L. 161 mm - H. 137 mm.

Pointe sèche demeurée inachevée, tirée seulement sur le cuivre biffé, à 3 épreuves (papier vergé d'Arches), sans aucune annotation, ni signature. - *B.N. Est. Ef. 453. fol. t.3.* REPRODUITE ICI.

191 - VUE DE TROYES. 1930.

L. 343 mm - H. 245 mm.

Eau-forte demeurée inachevée, tirée sur le cuivre biffé à une seule épreuve (papier vergé d'Arches) sans aucune annotation, ni signature. Collection M.L. REPRODUITE ICI.

191

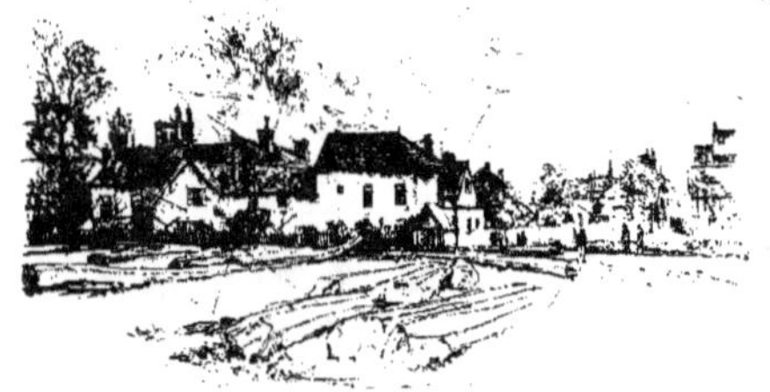

Pointe sèche exécutée en collaboration avec Eugène Carrière :

192 - LA MÈRE DU CHRIST. 1899.

L. 119 mm - H. 165 mm.

1ᵉʳ état :
Le cuivre mesure 240 mm de H. sur 130 de L. Tiré à 4 ou 5 épreuves, l'une d'elles dédicacée à Delâtre (imprimeur). Collection M.L. ÉTAT REPRODUIT.

2ᵉ état :
Le cuivre réduit ne mesure plus que 165 mm de H. sur 119 mm de L. Les essais de pointe dans le bas de la planche ont disparu.
Cette pointe sèche, exécutée en collaboration avec Gustave Leheutre et destinée à un livre, n'a pas été publiée, croyons-nous, écrit Loÿs Delteil (Catalogue de l'œuvre d'Eugène Carrière, n° 5, vol. VIII du *Peintre-Graveur illustré,* 1913).

Nous avons cru devoir la reproduire également ici, d'autant que nous détenons quelques informations qui ont échappé à notre érudit prédécesseur, M. Loÿs Delteil, à savoir :

1°) que dans le second état, la signature de Carrière a été ajoutée en bas à gauche ;

2°) que cette pointe sèche a été publiée en 1899, dans une plaquette de 24 pages de Charles Morice : *Le Christ de Carrière* (éditions de la Libre esthétique), texte d'une Conférence donnée le 9 mars 1899 à Bruxelles. Le tirage de cette brochure, aujourd'hui fort rare, a été de 100 exemplaires sur papier de Hollande, numérotés, et 100 exemplaires sur papier vélin, non numérotés. En 1897, Carrière exécute une importante toile, *Le Christ en croix,* citée par Élie Faure (p. 96), dans son remarquable ouvrage publié par Floury en 1908 et reproduite en face de la page 98. « C'est la période la plus heureuse et la plus féconde de sa carrière, celle où il s'empare résolument du moyen d'expression qui fixera dans l'histoire des hommes, sa personnalité définitive... » C'est la partie droite de cette toile (la mère du Christ), qui servira de modèle pour la gravure.

Ajoutons que Carrière avait exécuté en 1893 un portrait sur toile de Charles Morice.

192

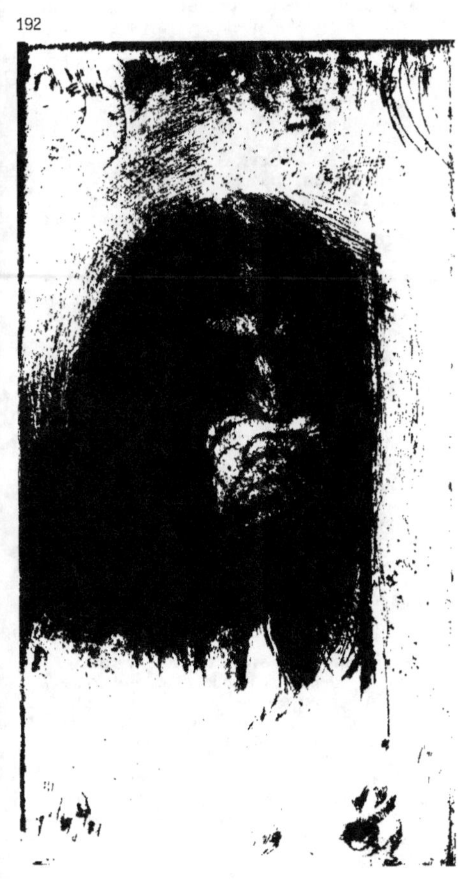

40 - *2ᵉ état :* avant les mots : *numérotées et timbrées,* ajouter : *signées.*

41 - Il existe deux essais de ton de cette planche, dans le fonds Leheutre du Département des estampes, *B.N. Paris. Ef. 453. fol. t.1.*

50 - Il existe deux états de cet ex-libris :
1ᵉʳ état : La plus grande partie de la pelouse est blanche. Tirage à quelques épreuves sur Japon ancien, signées et annotées *1ᵉʳ état.*
2ᵉ état : avec de nouveaux travaux de pointe sèche sur la pelouse (état reproduit par Delteil).

60 - *1ᵉʳ état :* ajouter : *et à deux épreuves sur papier ancien, retouchées par l'artiste.*

65 - *5ᵉ état :* au lieu de *97* lire *87.*

66 - *1ᵉʳ état :* au lieu de Japon lire *papier ancien.*

77 - *1ᵉʳ état :* après les mots « état tiré à 3 épreuves » ajouter : *plus une épreuve retouchée par l'artiste, signée.*

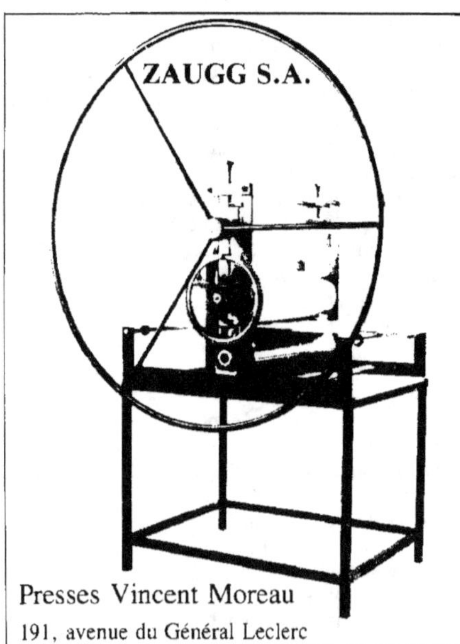

Presses Vincent Moreau

191, avenue du Général Leclerc
54500 Vandœuvre-les-Nancy - Tél. 83.55.56.63

82 - *1ᵉʳ état :* à la fin de la première ligne ajouter « Van Gelder et ».

94 - *2ᵉ état :* ajouter : dont une, *retouchée par l'artiste.*

125 - *2ᵉ état :* au lieu de 3 épreuves d'essai lire : *4 épreuves.*
3ᵉ état : au lieu de : avec la signature gravée en bas à droite lire à *gauche.*

126 - *1ᵉʳ état :* celui reproduit par Delteil, avant de très nombreux travaux sur la plus grande partie de la planche et principalement au premier plan.
2ᵉ état : après les travaux indiqués ci-dessus. Epreuve annotée par l'artiste : *2ᵉ état 4 épreuves.* Le n° 4 est au Département des estampes, *B.N. Est. Ef. 453. fol. t.2.*

127 - Il existe 3 états de cette pointe sèche.
1ᵉʳ état : avant l'ébarbage partiel de la planche. Tirage à 2 épreuves sur papier ancien, signées et numérotées (état reproduit par Delteil).
2ᵉ état : La planche est partiellement ébarbée, avant la signature gravée, en bas à droite. Tirage à quelques rares épreuves d'essai, sur divers papiers, puis à 30 épreuves (numérotées de 1 à 30).
3ᵉ état : avec la signature gravée, en bas à droite. Tirage à 2 épreuves d'essai, puis à 35 épreuves (*numérotées de 31 à 65*).

132 - Il existe 3 états de cette charmante eau-forte.
1ᵉʳ état : Avant ébarbage des fonds. Avant la signature gravée. Tirage à 2 épreuves sur papier ancien, signées et numérotées (état reproduit par Delteil).
2ᵉ état : Les fonds sont ébarbés. Toujours avant la signature gravée. Tirage à 4 épreuves d'*essai* sur divers papiers, puis à 25 épreuves, ces dernières *numérotées* (de 1 à 25).
3ᵉ état : Avec la signature gravée, dans le bas à gauche. Tirage à 2 épreuves d'*essai,* puis à 50 épreuves *numérotées* (de 26 à 75)..

133 - *1ᵉʳ état :* au lieu de « État tiré à *2* épreuves » lire « *3 épreuves* ».

136 - *1ᵉʳ état :* une épreuve d'essai, en plus de celle décrite par Delteil, de la pierre verte seule, non rognée, non signée.
2ᵉ état : une épreuve de la pierre noire seule, rayée.
Ces deux épreuves sont conservées dans le fonds Leheutre du Cabinet des Estampes, *B.N. Paris. Ef. 453. fol. t.3.*

137 - *Dominique.* Nous avons eu en notre possession un exemplaire auquel avait été ajouté :
1°) Une épreuve du 2ᵉ état (sur 3) avant la réduction du cuivre et tirée *sans texte typographique* de la vignette illustrant le titre : *Porte d'Hôtel ancien, à Paris.*
2°) Un essai de titre illustré de l'eau-forte ayant servi de frontispice : *l'Eglise Saint-Eutrope,* à Saintes, 2ᵉ planche (2ᵉ état, sur 3), recouverte d'un texte typographique en noir et rouge.